직업 선택과 성격 형성에 도움되는

이름 분석의 기술

직업 선택과 성격 형성에 도움되는
이름 분석의 기술

발행일   2016년 7월 27일

지은이   김 근 후
펴낸이   손 형 국
펴낸곳   (주)북랩
편집인   선일영   편집   김향인, 권유선, 김예지, 김송이
디자인   이현수, 신혜림, 윤미리내, 임혜수   제작   박기성, 황동현, 구성우
마케팅   김회란, 박진관, 오선아
출판등록 2004. 12. 1(제2012-000051호)
주소   서울시 금천구 가산디지털 1로 168, 우림라이온스밸리 B동 B113, 114호
홈페이지   www.book.co.kr
전화번호   (02)2026-5777   팩스   (02)2026-5747

ISBN   979-11-5987-119-1 03180(종이책)   979-11-5987-120-7 05180(전자책)

이 도서의 국립중앙도서관 출판예정도서목록(CIP)은 서지정보유통지원시스템 홈페이지(http://seoji.nl.go.kr)와
국가자료공동목록시스템(http://www.nl.go.kr/kolisnet)에서 이용하실 수 있습니다.
(CIP제어번호 : CIP2016018117)

성공한 사람들은 예외없이 기개가 남다르다고 합니다.
어려움에도 꺾이지 않았던 당신의 의기를 책에 담아보지 않으시렵니까?
책으로 펴내고 싶은 원고를 메일(book@book.co.kr)로 보내주세요.
성공출판의 파트너 북랩이 함께하겠습니다.

직업 선택과 성격 형성에 도움되는

이름 분석의 기술

김근후 지음

이름을 분석하면
성격을 알 수 있다!

북랩 book Lab

프롤로그

 필자는 2008년경부터 한글이 소리글자이면서 뜻글자라는 사실에 조금씩 눈을 뜨면서 한글의 자모에 대해 연구를 계속하였다. 그로부터 약 5년이 흐른 2013년 5월경 마침내, 연구 결과를 정리하여 『한글의 비밀』이라는 제목의 책을 발간하게 되었다. 그리고 약 1년 후인 2014년 5월경에는 『이름이 성격을 좌우합니다』라는 제목의 책을 발간하기도 하였다. 그러나 이들 책은 미진하고 부실한 내용으로 채워져 있음을 고백한다.

 이후, 필자는 한글의 연구를 중단할 수가 없었다. 시간이 지남에 따라 그동안 부족했던 연구내용들이 조금씩 진척되고 있음을 느낄 수 있었다. 그래서 2015년 하반기부터 『이름이 성격을 좌우합니다』라는 책의 내용을 보완해야겠다는 결심을 하게 되었다.

이때부터 네이버 포털사이트를 통해 'ㄱ'부터 'ㅎ'까지 주요 낱말을 정리하는 작업을 시작하였다. 이 작업은 아주 단순한 작업이면서 PC 화면을 반복적으로 변환해야 했기에 아주 힘들었다. 쉬어가면서 진행하였지만 몇 개월을 꼬박 매달렸다. 이렇게 해서 정리한 낱말이 약 4,500여 개가 되었다. 이렇게 낱말을 정리하고자 했던 이유는 실제 우리가 사용하고 있는 낱말을 통해 한글의 자모가 뜻을 가진 글자라는 것을 조금 더 쉽게 입증하기 위해서였다.

필자는 나름대로 역사적인 소명의식을 갖고 있다. 한글의 위대함을 정리해 놓으면 언젠가는 후학이 이를 바탕으로 더욱 발전시킬 수 있을 것이라는 확신을 갖고 있다. 무엇보다 우리나라 사람들이 한글의 위대함을 하루라도 빨리 알았으면 좋겠다는 마음이 간절하기 때문이기도 하다.

필자가 이 책에서 이름이 그 사람의 성격에 미치는 영향에 대해 글자의 위치별, 자모별에 따라 이해를 돕기 위해 그 비중을 숫자로 표시하였는데, 그 비중은 다소 틀릴 수도 있다. 자모별 성격 분석에 대해서도 여전히 부족한 점이 많이 있을 수 있다. 낱말에 대해서는 편의상 긍정적과 부정적으로 구분하였는데, 이를 동의하지 않을 수 있다. (낱말은 그 자체가 긍정적인 의미와 부정적인 의미를 다 포함하고 있다.) 이런 점에 대해서는 독자 여러분들의 이해를 구하는 바이다.

이 책은 크게 '한글이 이름에 어떻게 작용하는가?', '이름이 성격에 미치는 세부관계도', '유명인들의 이름 분석', '한글의 원리' 등 4개의 장으로 나누어 전개하고 있다. 자신의 이름이 자신의 성격에 어떻게 좌우하는지, 그 근거는 바로 한글의 원리에서 찾을 수 있다. 여러분이 이 책의 마지막 페이지를 덮는 순간 한글의 매력에 푹 빠지게 될 것으로 확신한다.

참고로 필자는 한글의 우수성을 널리 알리기 위한 방편으로, 이 책의 내용을 근거해서 핸드폰에서 자신의 이름뿐 아니라 지인들의 이름으로 성격까지 알아볼 수 있는 모바일 어플리케이션 개발을 준비하고 있다.

차 례

제1장

한글이 이름에 어떻게 작용하는가?

인간은 왜
이름의 영향을 받는가?

　인간은 대자연에서 나고 자라기 때문에 대자연과 호흡하면서 함께 더불어 살아가는 존재이다. 따라서 인간은 대자연의 순리와 섭리를 거역하면서 살아갈 수가 없으며, 누구나 자신 주위의 만물만생과 필연적으로 교감을 나누게 된다.

　부드럽고 따듯한 사람은 그런 사람과 가까이하고, 심지어 자신이 사용하는 생활도구까지도 그런 도구를 가까이 두고 사용한다. 생활습관이나 사고방식도 그와 유사한 형태를 띠며 살아간다.

　반면, 강렬하고 거친 사람은 그런 사람과 가까이하고, 자신이 사용하는 생활도구도 그런 도구를 가까이 두고 사용하며, 생활

습관이나 사고방식도 그와 유사한 형태를 띤다.

가령, 운동을 예를 들더라도 부드럽고 따듯한 사람은 부드럽고 유연한 운동을 좋아하고, 강렬하고 거친 사람은 강렬하고 거친 운동을 좋아한다. 그래서 자연스럽게 유유상종이라는 말이 생겨났다.

그렇다면 인간은 왜 이름에 영향을 받을 수밖에 없는가? 인간은 스스로 인식하고 자각하는 이름에는 대자연의 기운(에너지)이 들어있기 때문이다. 인간은 자신이 누구인지를 알리는 가장 확실한 수단이 이름밖에 없다고 할 정도로 자신의 이름은 곧 그 자신이 되는 것이다.

인간의 세포 하나하나는 반복적으로 불리는 이름에 따라 반응을 보일 수밖에 없다. 앞에서 언급한 바와 같이 인간은 귀로 듣는 소리의 영향을 많이 받기 때문이다. 그래서 이름에 대한 소리와 그 뜻을 그대로 기억하고 인식하는 과정을 거쳐 세포에 저장되게 된다.

그런데 놀라운 사실은 이 이름의 기운과 뜻을 가장 잘 파악할 수 있는 세계 유일의 글자가 바로 한글이라는 사실이다. 그것은 한글의 자모가 대자연의 글자이면서 인간 중심의 글자이기 때문일 것이다. 그래서 한글을 제대로 알고 이해하면 한글의 기운과 뜻을 쉽게 알 수 있게 된다.

우리는 지금까지 자신의 사고방식, 행동, 취향 등 자신의 성격이 왜 그런지 정확히 모르고 살아왔다. 그나마 이를 진단하는 방법으로, 동양에서는 명리학으로, 서양에서는 자신이 태어난 별자리 등으로 진단하고 있다.

그러나 그것들보다 자신의 성격을 비교적 정확히 알 수 있는 수단이 바로 한글이라는 것이다. 한글 자모의 뜻을 제대로 알고 자신의 이름에 담긴 뜻만 제대로 알 수 있다면 자신의 성격이 왜 그런지 비교적 정확히 알 수 있다.

인간은 일생을 어떤 직업으로 어떻게 살 것인가를 선택하려면 조금 과장해서 한글의 뜻에 따라 이름을 선택하면 된다. 그리고 자신의 잘못된 성격을 바꾸고 싶다면 이 역시 그에 맞는 다른 이름을 선택하면 된다. 만약 새로운 이름을 선택하였다면 사람에 따라 다소 차이는 있겠지만, 수년간 시간이 지나면 새로운 이름의 기운대로 성격이 차츰 바뀌게 된다. 결국, 상당 기간은 이전 이름의 기운과 새로운 이름의 기운이 교차하여 나타나게 되는 것이다.

결론적으로, 인간은 자신의 이름의 기운과 일생을 함께할 수밖에 없으므로 이름의 영향권에서 벗어날 수 없다. 이를 심하게 표현하면, 인간은 자신의 이름에 지배를 당한다고도 할 수 있을 정도이다.

이에 대한 비유로, 인간을 악기에 비유해 볼 수 있다. 인간 자신이 태어난 연월일시와 선천적·후천적 신체조건 등은 악기의 하드웨어인 육체 그 자체라고 할 수 있고, 이름은 악기의 소프트웨어인 소리라고 할 수 있다. 바로 이 악기의 소리가 이름인 것이다.

피리는 피리 소리를, 가야금은 가야금 소리를, 피아노는 피아노 소리를, 바이올린은 바이올린 소리를 각각 그 악기에 맞게 소리를 내는 것과 같다고 비유할 수 있다.

그런데 우리나라를 비롯한 세계의 많은 나라 사람들은 같은 이름을 사용하는 사람들이 아주 많다. 그 많은 사람들은 각자의 생활방식에 따라 세상을 살아간다. 사람마다 교육의 형태(교육은 인간을 선인으로 만들기도 하고 악인으로 만들기도 한다)나 경험 등 생활방식이 다르고 만나는 사람도 모두 다르다.

그래서 사람들은 수많은 요인들로 인해 비록 같은 이름을 사용하는 사람이라고 하더라도, 사람마다 나타나는 성향이나 성격이 조금씩 차이를 보인다고 할 수 있다.

이를 테면, 자음 중 설음과 후음이 결합된 낱말은 대화, 타협, 온화, 안락, 협력 등과 같이 비교적 부드럽고 온화한 뜻을 가지나, 악랄, 악독, 혹독 등과 같이 아주 나쁜 뜻을 가진 낱말이 있는 것과 같다고 할 수 있다.

이름의 구조

구분	구조
동양	성(姓) + 순이름
서양	순이름 + 성(姓)

이름은 넓은 의미로는 성과 이름을 합친 것을 말하고, 좁은 의미로는 성을 제외한 이름만을 말한다. 여기서는 성을 제외한 좁은 의미의 이름을 순이름으로 하기로 한다.

현대사회에서 우리가 사용하는 이름의 구조는 한국을 비롯한 동양에서는 성(姓)이 먼저 오고 순이름이 뒤에 붙는 식이고, 서양에서는 동양과 반대로 순이름이 먼저 오고 성(姓)이 뒤에 붙는 식이다. 이런 이름의 구조는 오랜 역사를 거쳐 현재의 구조로 정착되었다고 볼 수 있다.

우리나라 이름은 성(姓)과 이름을 합쳐 3자로 쓰고 3개로 발음하는 것이 보편적이고, 일부가 2자나 4자로 쓰고 발음도 각각 2

개나 4개로 발음한다. 그러나 우리나라를 제외한 중국, 일본, 미국, 독일, 프랑스, 아랍 국가 등 다른 나라는 이름을 표기하는 숫자도 다양하고 발음되는 숫자도 다양하다.

　그 예로 우리나라는 「김태희」를 '김태희'로 표기하고 이를 김/태/희라고 발음하지만, 중국은 「모택동」을 '毛澤東'으로 표기하고 이를 마오/쩌/둥/이라고 발음한다. 일본은 「아베신조」를 '安倍晉三'로 표기하고 이를 あ(아)/べ(베)/しん(신)/ぞう(조우)/라고 발음한다.

이름이 미치는 영향

이름		영향	
순이름	약 70%	1자인 경우	70~50%
		2자인 경우	첫째 자 약 40% 둘째 자 약 30%
		3자인 경우	첫째 자 약 35% 둘째 자 약 25% 셋째 자 약 10%
		4자인 경우	첫째 자 약 30% 둘째 자 약 20% 셋째 자 약 10% 넷째 자 약 10%
성(姓)	약 30%	1자인 경우	30~50%
		2자인 경우	첫째 자 약 20% 둘째 자 약 10%
		3자인 경우	첫째 자 약 15% 둘째 자 약 10% 셋째 자 약 5%
		4자인 경우	첫째 자 약 14% 둘째 자 약 9% 셋째 자 약 5% 넷째 자 약 2%

※ 위 비율은 논의의 여지가 있을 수 있다.

앞에서 언급한 바와 같이, 한글은 대자연의 기운과 뜻을 담은 세계 유일의 글자이다. 따라서 우리나라 사람뿐만 아니라 이름을 사용하는 세계 모든 나라 사람들은 한글식으로 발음되는 이름의 영향을 받는 것이 지극히 당연하다고 할 수 있다.

이름이 인간에게 미치는 영향은 가장 많이, 가장 강하게 발음되는 글자의 순서에 따라 영향을 미치게 된다. 그 이유는 자연계의 모든 생명체는 서로 소리의 에너지 강도에 따라 교감의 차이를 보이듯이, 인간도 이름의 소리가 가장 많이, 가장 강하게 들리는 것에 강한 반응을 보이기 때문이다.

인간은 태어나서 죽을 때까지 이름을 사용한다. 인간은 어릴 때나 성인이 되더라도 늘 가까이서 함께 생활하고 호흡하는 대상이 바로 가족과 친구와 주변 사람들이다. 이런 가족과 친구들은 그 사람을 부를 때 성(姓)을 빼고 순이름을 주로 부른다. 그래서 인간은 살아있는 동안 성(姓)을 뺀 순이름을 가장 많이 사용되는 것이다. 그러므로 성(姓)과 순이름 중에서 그 사람에게 영향을 미치는 정도를 계량적으로 나타낸다면 가장 많이 불리는 순이름이 약 70% 이상이고, 성(姓)은 약 30% 미만이라고 할 수 있다.

지금부터, 순이름과 성(姓) 중에서 어떤 글자가 그 사람에게 어느 정도 영향을 미치는가에 대하여 세부적으로 살펴보고자 한다.

우리나라에서 발음되는 성(姓)은 1자가 대부분이고 일부가 2자로 되어 있는 반면, 다른 나라에서는 발음되는 성(姓)이 2자 이상인 경우가 흔하다. 나머지 순이름도, 우리나라에서는 발음되는 순이름이 2자가 대부분이고 일부가 1자나 3자로 구성되어 있지만 다른 나라에서는 발음되는 순이름이 2자 이상인 경우가 아주 흔하다.

첫째, 우리나라 이름 중에 가장 흔한 경우인 성(姓)은 1자이고, 순이름이 2자인 경우부터 살펴보고자 한다.

예를 들어, 성(姓)이 「홍」자이고 이름이 「길동」이라면 「홍길동」의 가족이나 친구들은 '길동아'라고 부르고, 그 외의 다른 사람들은 '홍길동 씨'라고 주로 부른다. 가족이나 친구들은 '홍길동!'이라고 부르는 경우가 가끔 있을 정도이다.

그래서 1차적인 영향을 미치는 글자가 순이름의 첫 자인 「길」자가 되고, 이 「길」자가 가장 먼저, 가장 강하게 발음되므로 순이름의 영향 약 70% 중에서 약 40% 정도의 영향을 미치게 된다. 2차적으로는 순이름의 둘째 자인 「동」자가 약 30% 정도 영향을 미치게 되고, 3차적으로는 성(姓)인 「홍」자가 약 30% 정도 영향을 미치게 되는 것이다.

둘째, 우리나라 이름 중에 성(姓)도 1자이고, 순이름도 1자인 경우이다.

예를 들어, 성(姓)이 「강」자이고 순이름이 「타」라고 하면 「강타」의 가족이나 친구들은 '강타야'라고 부르거나 '타야'라고 부르고, 그 외 다른 사람들은 '강타 씨'라고 주로 부른다.

이 경우는 성(姓)도 1자이고 순이름도 1자이기 때문에 혼용해서 부르는 경우가 일반적이어서 성(姓)과 순이름의 영향이 각 50:50 정도의 비중이 될 수도 있다.

셋째, 우리나라 이름 중에 성(姓)이 2자이고, 순이름이 2자인 경우이다.

예를 들어, 성(姓)이 「선우」이고 이름이 「영희」라면 「선우영희」의 가족이나 친구들은 '영희야'라고 부르고, 그 외의 다른 사람들은 '선우영희 씨'라고 주로 부른다. 가족이나 친구들은 '선우영희!'라고 부르는 경우가 가끔 있을 정도이다.

그래서 1차적으로 영향을 미치는 글자가 순이름의 첫 자인 「영」자가 되고, 이 「영」자가 가장 먼저, 가장 강하게 발음되므로 순이름의 약 70% 영향 중에서 약 40%의 영향을 미치게 되고, 2차적으로는 순이름의 둘째 자인 「희」자가 약 30% 영향을 미치게 되는 것이다. 3차적으로는 「선」자가 성(姓)의 약 30% 영향 중에서 약 20%의 영향을 미치게 되고, 마지막으로 「우」자가 약 10%의 영향을 미치게 된다.

넷째, 우리나라가 아닌 다른 나라 이름의 경우다. 우리가 너무도 잘 알고 있는 미국의 16대 대통령 「에이브러햄 링컨」의 이름의 예를 들어보고자 한다.

「에이브러햄 링컨」은 성(姓)이 「링컨」이고 순이름이 「에이브러햄」이다. 마찬가지로 「에이브러햄 링컨」의 가족이나 친구들은 '에이브러햄!'이라고 부르고, 그 외의 다른 사람들은 '링컨 씨' 또는 '에이브러햄 링컨 씨'라고 부른다. 가족이나 친구들은 '에이브러햄 링컨'이라고 부르는 경우가 가끔 있을 정도이다.

그래서 1차적으로 영향을 미치는 글자가 순이름의 「에」자가 되고, 이 「에」자가 가장 먼저, 강하게 발음되므로 순이름의 약 70% 영향 중에서 그 비중의 순서대로 약 30%의 영향을 미치게 되고, 다음으로 「이」자가 약 20%, 「브」자가 약 10%, 「러」자와 「햄」자가 약 5%씩 각 영향을 미치게 된다.

2차적으로 영향을 미치는 글자가 성(姓)의 「링」자가 되고, 이 「링」자가 성(姓)의 약 30% 영향 중에서 약 20%의 영향을 미치게 되고, 다음으로 「컨」자가 약 10%의 영향을 미치게 된다.

이름의 자모가
미치는 영향

이름의 자모	영향
모음	약 60% 이상
자음	약 40% 미만

※ 위 비율은 논의의 여지가 있을 수 있다.

이름의 자모가 그 이름을 사용하는 사람에게 미치는 영향은 모음이 약 60% 이상이고, 자음이 약 40% 미만이라고 할 수 있다. 이름의 모음은 그 사람의 인생관이나 철학 등 근본적이고 중심적인 성격에 영향을 미치고, 이름의 자음은 그 사람의 세부적인 성격에 영향을 미친다.

이해를 돕기 위해 산(山)을 예를 들어 보고자 한다. 산은 아주 크고 웅장한 산도 있고, 작고 아담한 산도 있고, 가파른 산도 있고, 완만한 산도 있다. 이러한 산을 말하는 것은 산의 형세를 말하는 것이고, 그 산에는 나무, 기암괴석, 수풀 등 수많은 산의 구성물들이 존재한다. 이때 산의 형세가 바로 한글의 모음에 해당하고, 그 산의 구성물이 한글의 자음에 해당한다고 할 수 있다.

또 다른 예로 나무를 예로 들면, 나무는 소나무, 밤나무, 과일나무 등 수많은 종류의 나무가 있고, 그 나무에는 열매, 가지, 잎, 뿌리 등 그 형태가 또한 제각각이다. 이때 나무의 기둥과 몸통 등 중심적인 부분이 바로 한글의 모음에 해당하고, 그 나무의 열매, 가지, 잎, 뿌리 등은 한글의 자음에 해당한다고 할 수 있다.

이처럼, 한글의 모음은 중심적이고 전체의 모습과 형태를 나타내고, 자음은 그 모음에 종속되어 모음을 보조해 주는 역할을 한다.

이에 대한 예로 이름에 「성」자라는 글자를 사용한다고 가정해 보자.

이 경우 「성」자의 초성 'ㅅ'과 종성 'ㅇ'만으로는 「성」자의 중심적인 성격을 알 수 없다. 중성인 'ㅓ'가 음성으로, 방향은 뒤나 내부로 향하고 있고, 밝기는 어둡고, 크기는 크고, 무게는 무겁고… 등의 전체적이고 중심적인 모습이 나타날 때, 비로소 「성」자의 중심적인 성격을 알 수 있다.

이처럼, 중성인 'ㅓ'가 그 사람의 인생관이나 철학 등 중심적인 성격에 영향을 미치는 것이다. 그러므로 이름의 모음이 그 사람의 성격에 미치는 영향력은 약 60% 이상이 된다고 할 수 있다.

자음의 초성과 종성이
미치는 영향

구분	성격	영향
초성	표면적인 성격 내면적인 성격	약 80% 약 20%
종성	표면적인 성격 내면적인 성격	약 20% 약 80%

※ 위 비율은 논의의 여지가 있을 수 있다.

　나무는 줄기나 몸통, 가지, 잎, 열매, 뿌리 등으로 구성되어 있다. 나무를 구성하는 모든 것들은 서로에게 영향을 주고받으면서 살아간다. 이렇듯, 이름의 초성과 종성은 사람이 나타내는 표면적인 성격이나 내면적인 성격에 어떤 식으로든 영향을 주기 마련이다.

　그렇다고 나무의 가지나 잎들이 뿌리가 될 수 없고, 나무의 뿌리가 가지나 잎들이 될 수 없다. 무엇보다, 이름을 발음하는 과정에서 연음이 많이 일어나므로 초성과 종성은 서로 영향을 미치게 된다. 그래서 이름의 초성은 사람의 표면적인 성격에 미치는 영향이 약 80% 이상이 되고, 사람의 내면적인 성격에 약

20% 정도의 영향을 미치게 된다.

반대로, 종성은 사람의 내면적인 성격에 미치는 영향이 약 80% 이상이고, 사람의 표면적인 성격에 약 20% 정도의 영향을 미치게 된다.

이에 대한 예로 앞에서와 같이 이름에 「성」자라는 글자를 사용한다고 가정해 보자. 이 경우 초성인 'ㅅ'의 성격은 '사고의 폭은 좁다. 자신의 관심사항에 대해서는 확실하고 철저한 편이다. 대화는 자기중심적으로 대화하고자 한다. 집착이 강하고, 행동이 거칠거나 강한 편이다. 남을 의식하지 않는 등 대체로 자기중심주의를 추구한다.' 등으로 주로 나타난다. (자세한 것은 뒤에서 살펴보기로 한다.)

이런 'ㅅ'의 성격이 그 사람의 표면적인 성격으로 약 80% 이상 나타나고, 나머지 약 20% 정도는 그 사람의 내면적인 성격으로 나타나게 된다.

종성인 'ㅇ'의 성격은 '사고가 종합적이고 합리적이고, 그 폭도 넓은 편이다. 상대방의 의견을 합리적으로 조율한다. 행동은 의연하다. 사회문제도 합리적으로 접근하는 등 대체로 합리주의, 평화주의, 이상주의를 추구한다.' 등으로 주로 나타난다. (자세한 것은 뒤에서 살펴보기로 한다.)

이런 'ㅇ'의 성격이 그 사람의 내면적인 성격으로 약 80% 이상 나타나고, 나머지 약 20% 정도는 그 사람의 표면적인 성격으로 나타나게 된다.

이름에
종성이 없는 글자의 경우

글자의 구성	초성 + 중성
예	가, 나, 다, 규, 미, 비, 서, 시, 조, 주, 차, 토, 휴 등
내면적인 성격	내면적인 성격은 종성이 없는 글자이기 때문에 다른 종성이 있는 글자에 비해 복잡하지 않고 아주 단순한 편이다.

대자연과 인간 세상에서도 복잡하지 않고 간단하고 단순한 것이 참 많다. 이런 간단하고 단순한 것들을 우리 한글이 초성과 중성만으로 이를 표현하고 있다. 이렇게 구성된 한글의 글자도 꽤 많은 편이다.

그러나 대자연과 인간 세상은 너무 복잡하여 한글의 초성과 중성만으로는 이를 모두 표현할 수 없기에 초성+중성+종성으로 구성하여 이를 모두 표현하고자 한 것으로 보인다.

이처럼 이름에 종성이 없는 글자는 다른 종성이 있는 글자에 비해 그 사람의 내면적인 성격에 미치는 영향이 아주 적다고 할 수 있다. 결국, 종성이 없는 글자를 쓰는 사람의 내면적인 성격은 초성의 자음에서 약 20% 정도만 영향을 받기 때문에 내면적인 성격이 복잡하지 않고 아주 단순하다.

    이에 대한 예로 이름에 「무」자를 쓴다고 가정해 보자. 이 경우 중성인 'ㅜ'의 중심적인 성격은 '표정은 어두운 편이다. 행동은 매사에 신중하고 느린 편이다. 대화는 말이 적고 과묵한 편이다. 생각은 몇 가지에만 몰두한다. 운동은 지구력을 요하는 종목을 선호하는 편이다. 경제운용은 철저한 편이다. 속마음을 잘 드러내지 않는다. 사회생활은 변화를 싫어하는 편이다.' 등으로 주로 나타난다. <small>(자세한 것은 뒤에서 살펴보기로 한다.)</small>

    초성인 'ㅁ'의 성격은 '폭넓은 관심보다 범위를 정하여 관심을 갖는 편이다. 자신의 관심 분야는 분명하고 완벽히 집중하는 편이다. 언행일치하는 편이다. 일 처리도 완벽히 하는 편이다. 사회 문제에 참여하면 분명히 하는 등 대체로 자기중심주의, 완벽주의, 현실주의를 추구한다.' 등으로 주로 나타난다. <small>(자세한 것은 뒤에서 살펴보기로 한다.)</small>

    이런 'ㅁ'의 성격이 그 사람의 표면적인 성격으로 약 80% 이상 나타나고, 나머지 약 20% 정도는 그 사람의 내면적인 성격으로 나타난다.

    이를 종합해 보면, 이름에 「무」자를 쓰는 사람의 내면적인 성격은 다른 종성을 쓰는 사람들에게 비해 복잡하지 않고 단순하게 나타난다는 것을 알 수 있다.

이름의 모음이
양성이나 음성의 비중이 높은 경우

우리나라를 비롯한 많은 나라 사람들 이름 중에는 여러 개의 모음이 양성이나 음성만으로 구성되어 있는 경우가 아주 많다.

이들은 기운(에너지)이 한쪽으로만 흐르기 때문에 사고체계도 편협한 사고나 편중된 사고를 할 가능성이 높다. 그래서 모음이 양성으로만 구성된 사람들은 기운(에너지)이 앞으로나 위로만 분출하고, 모음이 음성으로만 구성된 사람들은 기운(에너지)이 뒤로나 아래로만 흐르므로 서로 반대편의 기운(에너지)을 잘 느끼지 못할 수 있다.

모음의 특성을 컴퓨터 메모리로 비유할 수 있다.

컴퓨터 메모리는 크게 캐시 메모리(cache memory)와 메인 메모리(main memory) 2종류로 구분되어 있고, 이중 캐시 메모리는 메인 메모리에 비해 저장용량이 작은 반면 처리 속도가 대단히 빠른 특성이 있다.

이처럼, 모음이 양성인 'ㅏ', 'ㅑ', 'ㅗ', 'ㅛ', 'ㅘ', 'ㅙ', 'ㅐ', 'ㅒ'는 모든 면에서 반응이 빠르고 저장 공간이 작은 캐시 메모리와 유사한 성격을 가지고 있다.

그에 반해, 모음이 음성인 'ㅓ', 'ㅕ', 'ㅜ', 'ㅠ', 'ㅝ', 'ㅞ', 'ㅣ', 'ㅖ'는 모든 면에서 반응이 느리고 저장 공간이 넓은 메인 메모리와 유사한 성격을 가지고 있다고 할 수 있다.

또 다른 비유로, 모음의 특성을 자동차에 비유할 수 있다.
자동차는 변속기를 통해 전진과 후진을 할 수 있다. 이때 모음 'ㅏ', 'ㅑ', 'ㅗ', 'ㅛ', , 'ㅘ', 'ㅙ', 'ㅐ', 'ㅒ'는 자동차의 전진에 해당하고, 모음 'ㅓ', 'ㅕ', 'ㅜ', 'ㅠ', 'ㅝ', 'ㅞ', 'ㅣ', 'ㅖ'는 자동차의 후진에 해당한다고 할 수 있다.

같은 음의
자음이 많은 경우

구분	특성
공통	같은 계열의 자음의 수가 초성이나 종성에 어디든 상관없이 2개 이상만 있으면 그 자음의 특성이 강하게 나타난다.
아음 순음 치음	이름의 첫 자에 초성이 아음, 순음, 치음이고, 같은 자음이 성(姓)이나 순이름의 둘째 자의 초성이나 종성에 있으면 소신과 고집이 강해지고, 심하면 누구와도 쉽게 타협하지 않는다.
설음	이름의 첫 자에 초성이 설음이고, 같은 자음이 성(姓)이나 순이름의 둘째 자의 초성에 있으면 아주 부드럽고, 심하면 나태해질 수 있다.
후음	이름의 첫 자에 초성이 후음이고, 같은 자음이 성(姓)이나 순이름의 둘째 자의 초성에 있으면 매우 합리적이고 원만해 질 수 있다.

※이름이 1자인 경우는 자음의 성격이 아주 강하게 나타난다.

앞에서, 모음이 양성이나 음성의 비중이 높으면 그 비중이 높은 성향으로 성격이 나타난다고 언급한 바 있다.

이와 마찬가지로, 이름에 자음의 경우도 같은 음의 자음의 수가 초성이나 종성에 어디든 상관없이 2개 이상만 있으면 그 자음의 특성이 아주 강하게 나타난다. 이런 특징은 모든 자음에서 공통적으로 나타난다.

예를 들어, 「홍길동」이라는 이름을 쓰는 사람이 있다면 이 사람의 이름에는 후음이 3개이므로 이 사람은 매우 합리적이고 원만한 성격으로 나타난다. 아울러, 이름에 설음이 2개가 더 있어 이름 전체의 자음 6개 중의 5개가 합리적이고 부드러운 후음과 설음의 자음으로 구성되어 있기 때문에 전체적으로는 매우 합리적이고 부드러운 성격으로 나타날 수 있다. 그러나 이 순이름의 첫 자음이 'ㄱ'이라서 'ㄱ'의 특징도 무시할 수 없는 성격으로 나타날 수 있다.

아음을 쓰는 이름의 성격은 아주 모질고 거칠지는 않으나 상당한 고집과 아집이 있을 수 있다.

순음을 쓰는 이름의 성격도 분명하고 꼼꼼하며 상당한 고집과 아집이 있을 수 있다.

치음을 쓰는 이름의 성격은 모질거나 거칠기도 하고 소신과 고집과 아집이 가장 강한 편이다. 이들 자음의 공통적인 특징은 부드러움과 원만함보다 강함을 특징으로 하고 있다.

따라서 이들의 자음이 순이름의 첫 자에 초성으로 있고, 같은 자음이 성(姓)이나 순이름의 둘째 자에 있으면 소신과 고집과 아집이 아주 강해질 수 있다.

이런 이름을 가진 사람은 교육이나 인격수양의 정도에 따라 다소 차이가 있을 수 있지만, 경우에 따라서는 누구와도 쉽게 타협하지 않거나 자기 소신을 굽히지 않는 강한 성격을 보이기도 한다.

우리의 영웅 충무공 「이순신」의 이름을 예를 들어보기로 한다. 충무공 「이순신」의 순이름의 첫 자인 「순」의 초성이 치음인 'ㅅ'이고, 순이름의 둘째 자인 「신」의 초성도 치음인 'ㅅ'이다.

이렇게 초성에 치음 'ㅅ'이 2개이기 때문에 「이순신」의 외부로 나타나는 표면적인 성격은 소신과 고집과 아집이 아주 강하게 나타난다. 충무공은 나라를 위해 누구와도 쉽게 타협하지 않고 소신대로 추진하는 강직한 성품을 지녔다는 것을 알 수 있다.

그에 반해, 「이순신」의 이름은 「순」의 종성이 설음인 'ㄴ'이고, 「신」의 종성이 설음인 'ㄴ'이므로 'ㄴ'이 2개이다. 그리고 성(姓)의 초성이 후음인 'ㅇ'이다. 여기서 「이순신」의 내면적인 성격이나 전반적인 성격은 설음 'ㄴ'과 후음 'ㅇ'의 성격이 강하게 나타나서 다른 한편으로는 성품이 아주 부드럽고 따듯한 인품을 지닌 분이라는 것을 알 수 있다.

자음의 성격 중에 가장 부드럽고 따듯한 성격의 자음이 설음이다. 이 설음 중에서도 'ㅌ'이나 'ㄸ'은 부드러운 정도가 조금 줄고 반면 그만큼 단단함과 강함이 더해진 성격으로 나타나는 특징이 있다.

순이름의 첫 자에 초성이 설음이고, 같은 자음이 성(姓)이나 순이름의 둘째 자의 초성에 설음이 있으면 아주 부드럽고 여린 성격으로 나타난다.

이들의 성격은 너무 부드럽고 여려서 심할 경우에는 나태함으로 나타날 수도 있다.

예를 들어, 우리나라 역대 대통령 중에 「노태우」 대통령을 살펴보자. 「노태우」의 순이름의 첫 자인 「태」의 초성이 설음인 'ㅌ'이고, 성(姓)에서 「노」의 초성도 설음인 'ㄴ'이다. 이렇게 초성에 설음을 2개 쓰고, 순이름의 둘째 자의 초성도 후음인 'ㅇ'이기 때문에 「노태우」의 외부로 나타나는 표면적인 성격은 아주 부드럽고 여린 성격으로 나타나게 된다. 그리고 「노태우」의 이름은 모두 종성이 없는 글자들로 구성되어 있기 때문에 내면적인 성격은 복잡하지 않고 단순한 성격으로 나타나는 특징이 있다.

자음의 성격 중에 가장 종합적이고 합리적인 성격의 자음이 후음이다. 순이름의 첫 자에 초성이 후음이고, 같은 자음이 성(姓)이나 순이름의 둘째 자의 초성에 있으면 매우 종합적이고 합리적이며 유연하고 원만한 성격으로 나타나게 된다. 후음은 설음에 비해 부드러움과 따듯함이 상대적으로 많이 떨어지는 편이다.

예를 들어, 조선시대의 대표적인 성리학자이면서 정치가였던 「퇴계 이황」이 있다. 「이황」의 순이름 「황」의 초성이 후음인 'ㅎ'이고, 성(姓)에서 「이」의 초성도 후음인 'ㅇ'이다. 이렇게 「이황」의 이름은 초성과 종성에 후음을 3개 쓰기 때문에 「이황」의 외부로 나타나는 표면적인 성격과 내면적인 성격은 매우 종합적이고 합리적이며 유연하고 원만한 성격으로 나타나게 된다.

다만, 「이황」의 이름 「황」의 모음이 양성인 'ㅗ'와 'ㅏ'로 구성되어 있어서 중심적인 성격은 매우 밝고 환한 편이며, 신중하지 못하거나 가볍고 즉흥적이고 돌출적인 편이며, 임기응변이 강하고 급하고 속마음을 감추지 못하는 편이므로 자신의 생각이나 의견을 거침없이 쏟아내는 성품을 지닌 분이라는 것을 알 수 있다.

성(姓)과 순이름이 각 1자인 경우는 순이름의 성격이 매우 강하게 나타난다.

예를 들어, 성(姓)이 「강」이고 순이름이 「철」인 「강철」이라는 이름을 쓰는 사람이 있다고 가정해 보자. 「강철」의 순이름 「철」의 초성이 치음인 'ㅊ'이다. 이렇게 이름이 1자인 경우는 'ㅊ'의 성격이 강하게 나타나고, 아울러 성(姓)의 초성 'ㄱ'의 성격도 강하게 나타난다.

그래서 「강철」의 외부로 나타나는 표면적인 성격은 소신과 고집과 아집이 매우 강하게 나타나게 된다.

그러나 「강철」의 이름은 종성이 후음 'ㅇ'과 설음 'ㄹ'로 구성되어 있기 때문에 내면적인 성격은 부드러움과 합리적인 성격으로 나타난다.

양성 'ㅏ', 'ㅑ'의 특징

구분	특징
표정	근심 걱정이 없는 사람처럼 표정이 대체로 밝다.
행동특성	① 여기저기 나서기 좋아한다. ② 진중하지 못하다. ③ 행동이 급하다. ④ 힘들고 고통스러운 것을 참는 인내심이 부족하다.
대화법	① 자기표현을 잘한다. ② 임기응변이 강하다. ③ 질문이나 말이 많다.
생각(아이디어)	① 생각이나 아이디어가 많다. ② 지나치게 허황하거나 낙관적인 사고를 한다.
식습관	같은 체격의 사람들에 비해 식사시간이 빠르다.
일 처리	일을 시작하면 대충이라도 빨리 처리하려고 한다.
운동 취향	지구력을 요하는 종목보다 스피드를 요하는 종목을 선호한다.

경제관념	① 기분에 좌우하여 자금을 관리한다. ② 미래를 대비하기보다 현재에 우선한다. ③ 인심이 후할 수 있다.
속마음	① 속마음을 잘 드러낸다. ② 상대방에게 상처가 되는 말도 쉽게 한다.
날씨 반응	① 맑고 화창한 날씨를 좋아한다. ② 비가 오거나 궂은 날씨는 싫어한다.
음악 취향	서정적이거나 선율이 느린 곡보다는 경쾌하고 빠르고 신나는 곡을 좋아한다.
사회생활	새로운 일이나 새로운 직업에 관심이 많다.

모음 'ㅏ'와 'ㅑ'는 「그 기운(에너지)이 앞으로 향하다」는 것이 핵심
이다. 이런 한글 'ㅏ'와 'ㅑ'의 뜻이 이름에 'ㅏ'와 'ㅑ'를 쓰는 사람들
에게도 그 뜻이 그대로 나타난다.

이들의 표정은 대체로 밝다. 이들은 자신의 희로애락(喜怒哀樂)
을 비교적 쉽게 표현한다. 스트레스가 될 만한 것들은 웬만하면
바로 풀어버린다. 평소 웃는 모습도 밝고 환하게 웃기 때문에 웃
음 그 자체가 자연스럽다.

우리 주변을 살펴보면 이런 사람들을 쉽게 찾아볼 수 있다. 처
음 만나는 사람도 얼굴이 밝으면 그 사람의 이름 첫 글자에는 양
성의 모음 'ㅏ', 'ㅑ', 'ㅗ', 'ㅛ'가 꼭 들어있다. 유명인들 중에 대표적
으로 '송강호', '강호동', '박태환', '이대호', '이용대', '이상화', '박재상

(싸이)' 등이 있다.

그러나 40대 이후에도 찡그린 표정이나 화난 얼굴을 계속하면 표정이 많이 바뀌게 될 수 있다.

이들의 행동은 여기저기 나서기 좋아한다. 모임이나 단체에 가입하는 것을 좋아한다. 어디서나 남들에게 자신을 드러내고 싶은 마음이 앞서 앞에 나서기 좋아한다.

지인의 일에는 가만히 보고만 있지 못하고 관심을 보이고 참견한다. 비록 선의의 마음으로 참견한 것이 오히려 비난을 받기도 한다. 흔히들 오지랖이 넓다고 한다.

이들은 한자리에 오래 앉아 있기 싫어한다. 한자리에 오래 앉아 있다고 하더라도 한 가지 일이나 놀이에 집중하기보다 이것저것 여러 가지를 번갈아 하면서 자리에 앉아 있다. 한자리에 오래 앉아 있기보다 여기저기 돌아다니기 좋아한다.

이들은 덤벙대거나 빨리빨리 하는 식으로 급하게 행동한다. 이들은 적극적이고 도전적이고 때로는 공격적으로 행동하고 말한다.

이들은 힘들고 고통스러운 것을 참는 인내심이 부족하다. 차분하다거나 진중하다는 소리를 듣지 못하고, 언제나 성격이 급하다는 소리를 많이 듣는다.

이들의 행동을 통제해 주거나 조언해 주는 사람이 적극적으로 도와주고 이것을 본인이 잘 받아들인다면 이들의 잠재된 장점은 무한히 발휘될 수 있다.

이들의 대화는 자신의 생각이나 의사를 비교적 잘 표현한다. 대화는 다소 직설적이다. 특히 대화로 하는 애정표현을 잘한다. 상대방과 대화에서 생각이 한곳에 머무르지 않고 상대방에게 질문을 많이 한다.

상대방과 대화에서 수세에 몰리더라도 임기응변과 재치로 돌파하는 경우가 많다. 모르는 사람에게도 말을 잘 건다.

이들은 대체로 말을 재미있게 풀어가는 능력이 있다. 토론자나 진행자로 나설 경우 경청하는 사람들을 위해 재미있게 진행한다. 자신의 능력을 잘 개발하고 훈련한다면 훌륭한 연설자나 선동가가 될 수 있다.

유명인 중에는 '배삼룡', '송해', '이상용', '강호동', '오프라 윈프리', '버락 오바마', '아돌프 히틀러' 등이 있다.

이들은 생각이나 아이디어가 많으며, 엉뚱한 생각을 하기도 한다. 지나치게 허황한 상상을 하거나 낙관적인 사고를 하는 경우도 많다. 생각이나 아이디어가 현실성이 떨어진다거나 구체성이 약하다는 소리를 많이 듣는다.

그러나 이들의 엉뚱하고 기발한 상상이 있었기에 세상은 발전했다고 할 수 있다. 수많은 생각이나 아이디어 속에는 세상의 발전에 꼭 필요한 보석이 반드시 숨어 있다.

이들의 식습관은 같은 체격의 사람에 비해 식사시간이 대체로 빠르다. 심지어 어려운 자리가 아닌 편안한 자리라면 식사만 조용히 하지 않고 말을 많이 한다.

이들의 일 처리는 일을 시작하면 천천히 차근차근하게 하는 것보다 대충이라도 빨리 끝내려고 한다. 심지어 천천히 하는 것을 싫어하고 답답함을 느끼기 때문에 다른 사람이 일을 천천히 하고 있으면 자신이 나서서라도 빨리 끝내려고 한다.

아랫사람에게 일을 시키거나 지시한 경우 느긋하게 기다리지 못하고 재촉하거나 독촉하는 경우가 많다.

이들의 운동 취향은 마라톤, 축구, 권투, 철인경기 등 지구력을 요하는 종목보다 육상, 수영, 단거리 종목 등 스피드를 요하는 종목을 선호한다.

대표적인 선수로 '박태환', '이용대', '이상화', '양학선', '칼 루이스', '우사인 볼트' 등이 있다.

이들의 경제관념은 현재 자신의 기분 상태에 따라 많이 좌우된다. 미래를 위해 저축하고 절약하기보다 현재의 자신을 돋보이게 하는 것에 우선한다. 수돗물, 전기, 휴지, 생활용품 등의 일상의 사소한 것도 절약하기보다 낭비하는 경향을 보이기도 한다.

이들은 좋은 의도든 그렇지 않은 의도든 남들에게 인심 쓰는 것을 좋아하는 편이다. 인색하고 궁색하게 살아가는 것을 싫어한다.

이들은 주변에서 누군가가 돈을 많이 벌었다는 소문을 들으면 자신도 그것에 현혹되어 무모하거나 무리하게 투자하는 편이다. 귀가 얇다는 소리를 많이 듣고, 사기를 당하는 경우도 많다.

그래서 노후에 빈곤하게 사는 사람이 많다. 이들은 자신의 재산을 배우자나 관리인에게 맡겨서 운용하는 것이 좋다.

이들은 속마음을 숨기지 못하여 누군가가 그 사실을 물어보면 발설해 버리는 편이다. 심지어 자신만이 알고 있는 것도 다른 사람에게 말하고 싶은 충동을 느낄 때가 많다.

마음의 수양 정도에 따라 다소 차이가 있겠지만 상대에게 자신의 생각을 가감 없이 그대로 말해버리기 때문에 상대의 마음을 아프게도 한다.

이들은 자신의 비밀은 물론 타인의 비밀을 지켜주지 못하는 경우가 많다.

대부분의 사람들은 맑고 화창한 날씨를 좋아하지만, 특히 이들은 맑고 화창한 날씨를 좋아한다. 비가 오거나 궂은 날씨는 짜증이 나거나 스트레스가 쌓일 정도로 싫어한다.

이들의 음악 취향은 서정적이거나 선율이 느린 곡은 선호하지 않는다. 반면, 경쾌하고 빠르고 신나는 곡을 좋아한다. 대중가수나 작곡가들의 음악 선호도를 살펴보면 쉽게 알 수 있다.

대표적으로 '김남진(남진)', '송대관', '송창식', '김창완', '박재상(싸이)' 등이 있다.

이들의 사회생활은 한 가지 일이나 직업을 오래 지속하지 못하는 편이다. 설사, 이들이 공무원이나 회사원이라서 이직이 원하지 않더라도 한 부서에서 오래 근무하는 것보다 다른 부서로 부서 이동을 해서라도 새로운 변화를 좋아한다.

사업을 하는 경우라면 대체로 실속보다 겉모습을 중시하여 확장경영이나 차입경영을 도모한다.

양성 'ㅗ', 'ㅛ'의 특징

모음 'ㅗ'와 'ㅛ'는 「그 기운(에너지)이 위로 향하다」는 것이 핵심이다. 이런 한글 'ㅗ'와 'ㅛ'의 뜻이 이름에 'ㅗ'와 'ㅛ'를 쓰는 사람들에게도 그 뜻이 그대로 나타난다.

모음 'ㅗ'와 'ㅛ'는 모음 'ㅏ'와 'ㅑ'에 비해 그 정도나 강도가 약 30% 정도 강한 특징이 있다.

따라서 이름에 모음 'ㅗ'와 'ㅛ'를 쓰는 사람들의 표정에서부터 경제관념에 이르기까지 생활 전반에 나타나는 각 특징에 대해, 앞의 '모음 'ㅏ', 'ㅑ'의 특징'에서 그 정도나 강도를 약 30% 정도를 더해서 살펴보면 된다.

음성 'ㅓ', 'ㅕ'의 특징

구분	특징
표정	생각에 몰두하고 있는 사람처럼 대체로 무표정하거나 어둡다.
행동특성	① 나서기 좋아하지 않는다. ② 매사에 진중하고 차분한 편이다. ③ 행동이 굼뜨다. ④ 힘들고 고통스러워도 참는 인내심이 강하다.
대화법	① 자기표현이 서툴다. ② 임기응변이 약하다. ③ 질문이나 말이 적고 과묵하다.
생각(아이디어)	① 생각이나 아이디어가 현실적이고 구체적이다. ② 여러 가지보다 한 가지 생각에 몰두한다.
식습관	같은 체격의 사람들에 비해 식사시간이 느리다.
일 처리	일을 시작하면 일을 빨리 처리하지 못하고 천천히 하는 편이다.
운동 취향	스피드를 요하는 종목보다 지구력을 요하는 종목을 선호한다.
경제관념	① 냉정하고 현재보다 미래를 준비하는데 우선한다. ② 저축과 절약을 선호한다. ③ 지나치게 인색할 수도 있다.

속마음	① 속마음을 잘 드러내지 않는다. ② 상대방에게 상처가 되는 말은 자제한다.
날씨 반응	맑고 화창한 날씨를 아주 좋아하지 않고 비가 오는 날씨도 싫어하지 않는 편이다.
음악 취향	경쾌하고 빠르고 신나는 곡보다 서정적이거나 선율이 느린 곡을 좋아한다.
사회생활	한 가지 일이나 직업을 오래도록 유지하고 변화를 좋아하지 않는다.

모음 'ㅓ'와 'ㅕ'는 「그 기운(에너지)이 뒤로 향한다」는 것이 핵심이다. 이런 한글의 'ㅓ'와 'ㅕ'의 뜻이 이름에 'ㅓ'와 'ㅕ'를 쓰는 사람들에게도 그 뜻이 그대로 나타난다.

이들의 표정은 자신의 희로애락(喜怒哀樂)을 비교적 쉽게 표현하지 못한다. 이들은 스트레스를 풀지 않고 가슴속에 간직하는 경우가 많고, 대체로 무표정하거나 어둡다. 연기를 하는 전문 연기자 외에는 평소 웃는 모습이 부자연스럽거나 억지웃음으로 보인다.

우리 주변을 살펴보면 이런 사람들을 쉽게 찾아볼 수 있다. 처음 만난 사람의 표정이 무표정하거나 어둡다면 그 사람의 이름 첫 글자는 음성인 모음 'ㅓ', 'ㅕ', 'ㅜ', 'ㅠ'가 꼭 들어 있을 가능성이 높다.

유명인들 중에 '정주영', '이병철', '이건희', '류현진' 등이 있다.

이들의 행동은 한자리에 오래 앉아 있기 좋아하고, 한 가지 일에만 집중하는 편이다. 대부분의 행동을 비교적 신중하게 천천히 행한다.

남들에게 자신을 드러내고 싶은 마음이 서툴러서 앞에 나서기 꺼린다. 그러나 다른 사람들에게 자신의 우월감이나 존재감을 돋보이게 하려고 권위적인 행동을 하기도 한다.

힘들고 고통스러운 것도 비교적 잘 참는 편이다. 이들은 차분하다거나 진중하다는 소리를 많이 듣고, 성격이 과묵하다는 소리도 많이 듣는다. 그러나 무모한 도전을 시도하는 것조차 꺼린다.

이들은 동기부여만 해주면 스스로 알아서 행동하는 편이다.

이들의 대화법은 자기 생각이나 의사를 비교적 잘 표현하지 못한다. 특히, 대화로 하는 애정표현이 서투르다. 이들은 직설적인 표현을 삼가고 말을 적게 하는 편이다.

이들은 상대방과 대화를 할 때 그 대화에 집중하거나 자기 생각을 정리해서 말하기 때문에 상대방에게 질문을 많이 하지 않는 편이다.

상대방과 대화에서 수세에 몰리면 당황하는 경우가 많다. 모르는 사람에게 말을 잘 걸지 않는다.

이들은 대체로 말을 재미있게 풀어가는 능력이 부족하다. 대부분의 대화를 진지하게 풀어간다, 토론자나 진행자로 나설 경우 농담이나 유머를 곁들이기보다 진지한 형태로 진행하여 경청하는 사람들이 따분해 하는 경우가 많다.

이들의 생각이나 아이디어는 'ㅏ', 'ㅑ', 'ㅗ', 'ㅛ'를 사용하는 사람들에 비해 많지 않고, 관심 있는 사항에만 집중하는 편이다. 과거를 재조명하거나 현실에 치중하고, 미래에 대해서는 비교적 신중하게 접근한다. 그래서 이들은 생각이나 아이디어가 현실적이고 구체적일 가능성이 높다.

이들은 돌다리도 두들겨 본다는 식이어서 매우 신중하여 실패의 확률을 줄이는데 몰두한다.

이들의 식습관은 같은 체격의 사람들에 비해 식사시간이 대체로 느리다. 어려운 자리든, 편안한 자리든, 식사시간에 식사만 조용히 하는 것을 좋아하고 말을 적게 한다.

이들의 일 처리는 일을 시작하면 빨리하는 것보다 천천히 차근차근하게 하는 편이다. 이들은 여럿이 모여서 하는 것보다 혼자서 일하는 것을 즐긴다. 일을 빨리 처리하는 것에 익숙하지 않은 경우가 많아 주위에서 답답해하기도 한다.

이들은 아랫사람에게 일을 시키거나 지시한 경우 자신이 궁금하더라도 지그시 기다려주는 경우가 많다.

이들의 운동스타일은 육상, 수영 등 스피드나 순발력을 요구하는 종목보다 마라톤, 축구, 권투, 철인경기 등 지구력을 요구하는 종목을 선호한다.

대표적인 선수로 '손기정', '황영조', '차범근', '박지성', '펠레', '리오 넬 메시' 등이 있다.

이들의 경제관념은 대체로 철저한 편이다. 현재보다 미래를 대비하고, 저축과 절약을 먼저 생각한다. 겉치레보다 실속을 중시하고 기분에 좌우되지 않는다.

이들은 남들에게 이유 없이 인심 쓰는 것을 좋아하지 않는 편이다. 지나칠 정도도 인색하기도 하고, 낭비를 아주 싫어하는 경우도 있다.

주변에서 누군가가 돈을 많이 벌었다는 소문을 듣더라도 그것에 현혹되기보다 의심과 확인과정을 거치는 편이다.

이들은 너무 신중하여 좋은 기회를 놓치는 경우도 종종 있다. 노후에 비교적 안정된 삶을 영위하는 사람이 많다.

이들은 자신의 속마음을 잘 드러내지 않으며, 누군가 묻더라도 감추는 부분이 많다. 이들은 고민이 있더라도 주위 사람에게 잘 말하지 않는다. 주위 사람들은 이들에게 어떤 일이 일어났는지 모르는 경우가 많다.

상대방에게 자기 생각을 잘 말하지 않아서 상대방의 마음을 아프게 하는 경우는 적다.

이들은 대체로 자신의 비밀이나 타인의 비밀을 잘 지킨다.

이들은 화창한 날씨를 아주 좋아하지 않고, 비가 오는 날씨도 싫어하지 않는다. 심지어 비가 오는 날씨를 좋아하기도 한다.

이들의 음악 취향은 경쾌하고 빠르며 신나는 곡보다 서정적이거나 선율이 느린 곡을 좋아한다. 대중가수나 작곡가들의 음악 선호도를 살펴보면 쉽게 알 수 있다.

대표적으로 '윤심덕(사의찬미)', '이선희', '박정현', '김범수', '윤민수' 등이 있다.

이들의 사회생활은 한 가지 일이나 직업을 오래 지속한다. 이들은 공무원이나 회사원이라면 한 부서에서 오래 근무하는 것을 좋아하고 새로운 부서나 새로운 환경에서 일하는 것을 좋아하지 않는다.

사업을 하는 경우라면 대체로 겉치레보다 실속을 중시하여 내실 위주의 경영이나 무차입 경영을 도모한다.

음성 'ㅜ', 'ㅠ'의 특징

모음 'ㅜ'와 'ㅠ'는 「그 기운(에너지)이 아래로 향하다」는 것이 핵심 이다. 이러한 한글의 'ㅜ'와 'ㅠ'의 뜻이 이름에 'ㅜ'와 'ㅠ'를 쓰는 사람들에게도 마찬가지로 그 뜻이 나타난다.

모음 'ㅜ'와 'ㅠ'는 모음 'ㅓ'와 'ㅕ'에 비해 그 정도나 강도가 약 30% 정도 강하다. 따라서 이름에 모음 'ㅜ'와 'ㅠ'를 쓰는 사람들 의 표정에서부터 경제관념에 이르기까지 생활 전반에 나타나는 각 특징에 대해서는 앞의 '모음 'ㅓ', 'ㅕ'의 특징'에서 그 정도나 강 도를 약 30% 정도 더해서 살펴보면 된다.

중성 'ㅡ', 'ㅣ'의 특징

모음 'ㅡ'와 'ㅣ'는 「그 기운(에너지)이 상하나 좌우로 변화가 거의 없이 그 중심에 머문다」는 것이 핵심이다. 이러한 한글의 'ㅡ'와 'ㅣ'의 뜻이 이름에 'ㅡ'와 'ㅣ'를 쓰는 사람들에게도 마찬가지로 그 뜻이 나타난다.

이름에 'ㅡ'와 'ㅣ'를 쓰는 사람들은 'ㅏ', 'ㅑ', 'ㅓ', 'ㅕ', 'ㅗ', 'ㅛ', 'ㅜ', 'ㅠ' 등을 사용하는 사람들에 비해 감정의 변화가 심하지 않기 때문에 감정변화가 심한 것을 잘 이해 못 할 수도 있다. 이들의 표정에서부터 경제관념에 이르기까지 생활 전반에 나타나는 특징은 'ㅏ'와 'ㅓ'의 중간치, 'ㅗ'와 'ㅜ'의 중간치 정도이다.

따라서 'ㅏ', 'ㅑ', 'ㅓ', 'ㅕ', 'ㅗ', 'ㅛ', 'ㅜ', 'ㅠ' 등을 사용하는 사람들의 입장에서는 모음 'ㅡ'와 'ㅣ'를 쓰는 사람들에 대해 감정이 메말랐다거나 무미건조하다거나 회색분자인 것 같다는 등의 생각을 할 수도 있다.

3. 이름상의 자음의 특징

아음(ㄱ, ㅋ, ㄲ)의 특징

구분	특징
관심분야	다양한 분야에 관심이 많고, 자신의 관심분야는 근원적인 부분까지 깊이 파고들고 크게 키운다.
사고체계	① 자기중심주의와 원칙주의인 편이다. ② 걱정과 고민이 많고 자신의 감(느낌)에 의존하는 편이다. ③ 감정적으로 판단하는 경우가 많다. ④ 생각이 한곳에 머무르거나 고정되는 경우가 많다. ⑤ 중도보다는 양극단(극우, 극좌)에 치우칠 수 있다.
행동특성	① 남을 지나치게 의식하거나 긴장한다. ② 기본과 원칙에 충실하려고 노력한다. ③ 게으른 사람이 많다. ④ 강한 면모를 보인다.
경제관념	① 경제(돈/주식/부동산 등)에 관심이 많다. ② 매사에 계산적인 편이다.

운동종목	부드럽고 유연한 운동종목보다 강하고 지구력을 요하는 운동종목을 선호한다.
직업	경제전문가, 과학자, 연구가, 개혁가, 종교인, 문인 등에 적합하다.

아음 'ㄱ', 'ㅋ', 'ㄲ'은 혀뿌리를 본떠서 만든 글자이다. 글자의 모양은 굽은 모양이고, 뿌리가 1개인 모양이다.

이 아음은 「그 기운(에너지)이 깊은 곳에서 시작하여 위로 앞으로 난다」는 것이 핵심이다. 그 정도와 강도는 'ㄱ < ㅋ < ㄲ'의 순이다.

이름에 이 아음을 쓰는 사람들에게 이 아음의 뜻이 그대로 나타난다.

이들의 관심분야는 다양한 분야에 관심이 많고, 어느 한 곳에 생각이 꽂히면 그에 대해서는 근원적인 부분까지 깊이 파고들고 그것을 크게 키우는 특징이 있다.

인간의 3대 욕구인 먹고 자고 누는 것에 생각이나 관심이 많고, 심지어 사소한 일상적인 일에도 관심을 많이 둔다. 심할 경우에는 불면증을 초래할 수 있다.

이들의 삶은 일상의 사소한 일에도 관심을 두어 주변 사람들과 갈등을 초래하기보다 차원 높은 보편적인 경제, 기초과학, 사회과학 등에 관심을 두고 연구하는 것이 훨씬 가치 있는 삶이 될 것이다.

이들의 이러한 관심으로 인류가 해결해야 할 기초적인 과제들에 집중하여 세계적인 성과나 결과를 낸 학자들이 많다. 그 대표적인 인물로 '허균', '갈릴레이 갈릴레오', '니콜라스 코페르니쿠스', '칼 마르크스', '칼 폴라니', '칼 포프', '칼 구스타프 융' 등 수많은 사람들이 있다.

이들의 사고체계는 자기중심주의이고 자기합리화에 능하다. 자신의 이익을 위해 끊임없이 탐구한다, 결과적으로 생각이 많을 수밖에 없다. 때로는 자기합리화를 위해 거짓을 사실인 것처럼 포장하기도 한다.

이들은 매사에 걱정과 고민을 많고, 자신의 감(느낌)을 잘 믿고 의존하는 편이다. 초성의 'ㄱ'에 비해 종성에 'ㄱ'을 사용하는 경우, 그 정도가 심하게 나타나는 경향이 있다.

이들은 이성적이기보다 자신의 기분과 감정에 대체로 많이 좌우된다. 그래서 감정에 따라 생각하고 판단하는 경향을 보인다.

이들은 생각이 한곳에 머무르거나 고정되는 경우가 많다. 그 결과는 엄청난 장점이 되기도 하고 엄청난 단점이 되기도 한다.

사회문제와 제도 등에 대한 사고는 대체로 중도나 중립적이기보다 극우나 극좌의 양극단으로 치우친 경향을 보인다. 이런 사람들을 주변에서 쉽게 찾아볼 수 있다.

이들의 행동특성은 기본과 원칙에 충실하려고 노력하므로 주변에서 꽤 괜찮은 사람으로 인정받는 편이다. 이런 이유로 이런 평판을 유지하기 위해 남을 지나치게 의식하기도 한다. 인간관계에서도 신경을 많이 써 긴장하는 경우가 많다. 이로 인해 실수

하는 경우도 있다.

이들은 생각이 많기 때문에 생각에 비해 행동이 따라주지 못하고, 말이 앞서는 등 대체로 게으르다.

이들은 자신이 반드시 해내겠다는 판단을 하면 강한 인내와 끈기로 끝까지 밀어가는 강한 면모도 있다.

이들의 경제관념은 인간의 삶의 근간이 되는 돈, 주식, 부동산 등 경제적인 것에 특히 관심이 많다. 시대 상황에 따라 다르겠지만, 물질 만능의 현대사회에서는 가장 소중한 가치를 돈에 두는 경우가 많다. 그래서 마치 돈의 노예가 된 사람처럼 보이는 사람들도 적지 않다.

이들은 모든 것을 계산적이고 분석적으로 접근하고 판단하는 경향이 강하다.

이들이 선호하는 운동종목은 평소 생각이 많고 걱정이 많아 기록을 측정하는 종목이나 유연성을 필요로 하는 종목은 좋아하지 않는다. 반면, 고민과 걱정을 덜할 수 있는 강하고 지구력을 요하는 운동종목을 선호한다.

이들에게 적합한 직업은 경제전문가, 과학자, 연구가, 개혁가, 종교인, 문인 등이 잘 어울린다. 이들은 경제, 기초과학, 사회과학 등 기초분야에 관심이 많고, 자신이 관심을 가지는 분야는 누구보다 깊이 생각하고 연구하는 성격을 가지고 있기 때문이다.

설음(ㄴ, ㄷ, ㄹ, ㅌ, ㄸ)의 특징

구분	특징
관심분야	다양하고 폭넓게 관심을 가지고, 관심의 깊이는 기존의 정보를 수집·정리하는 수준이다.
사고체계	① 스펀지처럼 사고가 부드럽고 유연하다. ② 다양성과 합리성을 선호한다. ③ 감정적이기보다 이성적으로 판단한다. ④ 일상에서 마찰보다 쉽게 타협하는 편이다.
행동특성	① 거칠지 않고 부드럽고 따듯하다. ② 폭행, 상해, 살상 등의 행동을 좋아하지 않는다. ③ 말이 앞서고 책임감이 부족할 수 있다. ④ 나약하고 우유부단한 모습을 보인다.
경제관념	① 다양한 분야에 관심이 많다. ② 자금운용이 철저하지 못하다. ③ 타인의 요구를 쉽게 거절하지 못해 손해 볼 수 있다.
운동종목	강하고 거친 운동종목보다 부드럽고 유연한 종목을 선호한다.
직업	연설가, 해설가, 교사, 강사, 언론인 등 말을 많이 하는 직업이 적합하다.

설음 'ㄴ', 'ㄷ', 'ㄹ', 'ㅌ', 'ㄸ'은 혀끝이 치조(치근이 박혀 있는 상하 악골의 공간)에 붙는 모양을 본떠서 만든 글자이고, 혀의 성질이 그대로 나타나는 글자이다. 이 설음은 「그 기운(에너지)이 평평하게 넓게 퍼져 있고 부드럽다」는 것이 핵심이다. 넓고 따듯함의 정도와 강도는 'ㄴ < ㄷ < ㄹ < ㅌ < ㄸ'의 순이나, 부드러움의 정도와 강도는 'ㄴ > ㄷ > ㄹ > ㅌ > ㄸ'의 순이다.

이름에 이 설음을 쓰는 사람들에게 이 순음의 뜻이 그대로 나타난다.

이들의 관심분야는 모든 분야에 걸쳐 폭넓고 자유분방하게 가지는 특징이 있다. 관심의 정도가 너무 다양하고 폭넓어 그 깊이가 깊지 않고, 한 곳에 집중하지 못하는 경향이 있다. 그래서 관심의 깊이가 기존의 정보를 수집·정리하는 수준이 대부분이다.

이들은 대체로 평화주의, 박애주의, 이상주의를 추구하는 편이다.

이들은 부드러움이 강함을 이긴다는 속담처럼 결국에는 세계적인 지도자로 성장하는 유명한 사람들이 많다.

그 대표적인 인물로 '김대중', '에이브러햄 링컨', '넬슨 만델라', '룰라 다 실바' 등 수많은 사람들이 있고, 역대 노벨평화상 수상자들의 이름에 이들 자음이 많이 들어있음을 쉽게 찾아볼 수 있다.

이들의 사고체계는 스펀지처럼 사고가 부드럽고 유연하다. 상대방의 의견을 잘 수용하므로 의견충돌을 빚는 일이 많지 않다.

이들은 아집과 고집으로 자기합리화를 추구하기보다 일반화에 입각한 합리주의를 선호하고, 전체주의와 획일성보다 다양성을 선호한다.

이들은 어떤 사안에 대한 판단을 감정적이거나 비논리적이기보다 이성적이고 논리적으로 접근하는 편이다.

이들은 사회문제에 대해서도 많은 관심을 가지나 비교적 현실과 쉽게 타협하거나 순응하는 편이다. 일상에서도 마찰보다 적당한 선에서 타협하는 것을 선호한다.

이들의 행동특성은 남을 아프게 하는 등의 거칠게 하는 것을 좋아하지 않고 부드럽고 따듯하게 하는 편이다.

이들은 마음이 따듯하고 부드럽고 여려서 다른 사람들과 정면으로 맞서거나 공격하지 못하는 편이다. 그래서 폭행, 상해, 살상 등을 좋아하지 않고, 심지어 음식물로 섭취하는 고기도 날것을 좋아하지 않는 사람들이 많다.

이들은 거칠거나 힘든 일을 싫어하는 편이므로 이런 일은 피하려고만 하여, 결국 행동보다 말이 앞서게 되고 책임감이 부족할 수 있다.

어떤 사안에 대해 결정을 내리고 실행을 해야 할 경우에도 우유부단한 면이 있다.

이들의 경제관념은 다양한 분야에 관심이 많으나 계산적이고 분석적으로 판단하기보다 대략적으로 판단해서 접근하는 경향이 있다.

이들은 타인이 돈을 빌려달라거나 투자를 권유하는 등의 요구가 있으면 그 요구를 쉽게 거절하지 못해 손해 보는 일도 많다.

때로는, 대범하거나 허황하게 판단하고 접근하는 경우도 있다.

이들이 선호하는 운동종목은 수영, 테니스 등 부드럽고 유연한 종목을 선호하고, 설사 거친 운동종목을 선택하더라도 자신의 스타일로 부드럽고 유연하게 운동을 즐긴다.

이들에게 적합한 직업은 어떤 사안에 대한 문제접근 방식이 다양하고 폭넓게 접근하므로 논리와 언변술이 뛰어나고 달변가의 요소를 가지고 있다.

이들은 연설가, 해설가, 교사, 강사, 언론인 등 말을 많이 하는 직업이 잘 어울린다.

이들의 말은 부드럽고 따듯하여 듣는 사람들에게 편안하고 따듯하게 해주는 장점이 있다.

순음(ㅁ, ㅂ, ㅍ, ㅃ)의 특징

구분	특징
관심분야	폭넓게 관심을 갖기보다 자신이 원하는 대상을 정하고, 정한 것은 분명하고 완벽하게 관심을 집중한다.
사고체계	① 자기중심주의, 완벽주의, 현실주의로 사고한다. ② 감정적이기보다 분석적으로 접근하는 편이다. ③ 남을 의식하기보다 자신의 만족에 우선한다.
행동특성	① 언행일치에 가까운 편이다. ② 완벽주의를 선호한다. ③ 부지런한 편이다. ④ 강한 면모를 보인다.
경제관념	① 자신있는 경제분야(사업, 주식, 부동산 등)만 관심을 가진다. ② 자금운용 등을 분명하게 하는 편이다.
운동종목	자신 있는 운동종목은 분명하고 완벽하게 하여 그 분야에 탁월한 능력을 보인다.
직업	자신이 관심 가지는 분야는 탁월한 능력을 보이므로 모든 분야에 잘 어울린다.

순음 'ㅁ', 'ㅂ', 'ㅍ', 'ㅃ'은 입술 모양을 본떠서 만든 글자이다. 글자의 모양은 사각형이다.

이 순음은 「그 기운(에너지)이 한 곳에 모인다.」는 것이 핵심이다. 그 정도와 강도는 'ㅁ < ㅂ < ㅍ < ㅃ'의 순이다.

이름에 이 순음을 쓰는 사람들에게 이 순음의 뜻이 그대로 나타난다.

이들의 관심분야는 폭넓게 관심을 갖기보다 자신이 원하는 범위와 대상을 정하고, 그 대상에 대해서는 분명하고 완벽하게 집중하는 편이다. 'ㄱ'은 한곳에 고정해서 깊은 곳까지 계속 파고든다면 'ㅁ'은 어느 정도 수준에서 연마를 거듭하여 완벽하게 하는 차이가 있다.

이들은 자신이 관심을 가지는 것에 대해서는 분명함과 완벽함을 추구하기 때문에 해당 분야에서 최고가 된 유명인이 많은 편이다.

그 대표적인 인물로는 '마하트마 간디', '버락 오바마', '미켈란젤로 부오나로티', '루트비히 판 베토벤', '볼프강 아마데우스 모차르트', '이미자', '김병만', '김명민' 등 수많은 유명인들이 있다.

이들의 사고체계도 자기중심주의, 완벽주의, 현실주의로 사고하는 편이다. 아음을 사용하는 이들은 자신의 이익을 위해 권모술수와 거짓을 동원해서라도 성취하고자 하나, 순음을 사용하는 이들은 그 정도까지는 아니어도 상당한 수준으로 자기중심적이고 현실적인 사고를 한다.

이들은 부딪히는 모든 문제를 감정적이거나 대략적으로 접근하지 않고, 그 문제에 대한 본질을 먼저 분석하여 파악하고, 그 결과에 따라 접근하는 경향이 있다.

이들은 마음을 쓰는 이들처럼 지나치게 남을 의식하거나 긴장하는 등의 사고를 하지 않고, 자신의 만족에 우선적으로 신경을 쓰는 편이다.

이들의 행동특성은 말만 앞세우는 것을 좋아하지 않고 자신이 하고자 하는 결심만 서면 반드시 실행하려고 노력하는 편이고, 모범적인 삶을 살아가려고 노력하는 편이다. 그래서 다른 자음을 쓰는 이들에 비해 대체로 언행일치를 하는 편이다.

이들은 모범적이고 완벽주의를 추구한다. 이로 인해 인간미가 다소 부족하거나 주변 사람들과 다툴 수 있다.

이들은 평소 자신의 일을 완벽하게 처리하려는 것이 습관화되어 있다. 자신이 해결하고자 하는 결심만 서면 그것을 분명하고 빈틈없이 해결하는 편이다. 따라서 이들은 부지런한 편이고, 강한 면모를 보인다.

이들의 경제관념은 이것저것 아무거나 관심을 가지지 않고 여러 정보와 자신의 경험 등을 바탕으로 자신 있는 분야에만 관심을 가지는 편이다. 다른 자음을 쓰는 이들에 비해 투자를 포함한 자금운용 등을 대체로 안정적이고 완벽하게 운용한다. 결과적으로 실패율이 다른 자음을 쓰는 이들에 비해 상대적으로 낮은 편이다.

이들이 선호하는 운동종목은 특별히 국한되지 않고 모든 종목에 잘 어울린다. 이들은 자신 있는 종목에 관심을 두고, 그 종목은 완벽할 때까지 분명하고 빈틈없이 연마하는 편이다. 따라서 그 분야에서 탁월한 능력을 보인다.

이에 대한 유명인은 주변에서 쉽게 찾아볼 수 있다.

이들에게 적합한 직업은 특별히 국한되지 않고 거의 모든 직업에 잘 어울린다. 이들은 완벽주의를 추구하기 때문에 자신이 선택한 직업에 대해서는 숙련도와 완성도를 높이기 위한 노력을 지속하므로 탁월한 능력을 보이는 편이다.

치음(ㅅ, ㅈ, ㅊ, ㅆ, ㅉ)의 특징

구분	특징
관심분야	① 다양하고 폭넓은 관심보다 특정 분야에만 관심을 갖는다. ② 자신이 관심을 가지면 그 분야는 집중한다.
사고체계	① 자기중심적이고 자기합리화에 능하다. ② 합리적이거나 유연하기보다 경직되거나 강한 사고를 한다. ③ 자신의 가치와 이상을 실현하기 위한 소신과 집착이 강하다.
행동특성	① 말보다 행동이 앞서는 편이다. ② 행동이 거칠거나 딱딱하다. ③ 남을 의식하지 않는 편이다. ④ 경쟁에서 지기 싫어하는 편이다.
경제관념	① 자신있는 경제분야(사업, 주식, 부동산 등)만 관심을 가진다. ② 자신이 원하는 것은 어떻게든 취하는 편이다.
운동종목	부드럽고 유연한 운동종목보다 거칠고 강렬한 종목을 선호한다.
직업	금속제품취급자(기술자, 외과의사, 악기연주자 등), 군인, 경찰, 검찰, 운동선수, 가수 등에 접합하다.

치음 'ㅅ', 'ㅈ', 'ㅊ', 'ㅆ', 'ㅉ'은 이(치아)의 모양을 본떠서 만든 글자이고, 이(치아) 사이를 비집고 나오며 마찰해야만 그 소리가 나는 글자이다. 이 치음은 「그 기운(에너지)이 단단하게 응축되다」는 것이 핵심이고, 그 정도와 강도는 'ㅅ ＜ ㅈ ＜ ㅊ ＜ ㅆ ＜ ㅉ' 순이다.

이(치아)는 입속에 들어온 모든 음식물을 소화하기 쉽도록 잘게 자르고 쪼개고 으깨는 기능과 역할을 한다. 이런 이(치아)의 특성이 치음에도 그대로 들어 있다.

이름에 이 치음을 쓰는 사람들에게 이 치음의 뜻이 그대로 나타난다.

이들의 관심분야는 폭넓게 관심을 갖기보다 자신이 원하는 대상을 좁혀서 집중하는 편이다. 자신의 관심분야에 대하여 철저하고 확실하게 집중한다.

이들은 세계적으로 존경받을만한 유명인이 그리 많지 않은 편이다. 역사적으로 살펴보았을 때, 이들은 권력집단이나 이익집단에 이용당한 사례가 많다.

반면, 이들이 국가지도자가 될 경우 국민을 전쟁의 공포나 전쟁의 희생양으로 내모는 경우가 많다.

그 대표적인 사례로 미국의 조지(이름) 부시(성), 일본의 아베(성) 신조(이름), 중국의 시진핑 등을 들 수 있다.

이들은 자기중심주의와 현실주의를 추구하는 경향이 있다.

이들의 사고체계는 자기중심적이고 자기합리화에 능하다. 상대방을 자신이 원하는 방향으로 끌어들이는 편이다.

이들은 상대가 자신의 의견과 대립될 경우, 그 상대의 의견을 무시하는 편이다.

이들은 합리적이거나 유연한 사고보다 경직되거나 강한 것을 선호한다. 마치, 대장부는 하루를 살더라도 굵고 짧게 살아야 한다는 소신을 가진 형태이다.

이들은 자신의 가치와 이상을 실현하기 위한 소신과 집착이 강하다. 과거에는 명예와 권력 등을 최고의 가치라고 여기고, 이를 지키려고 목숨까지 버렸다. 그러나 요즘은 자본이 최고의 가치라고 여기는 시대이기 때문에 자본의 가치를 실현하기 위해서는 물리적인 폭력이나 살상 등을 동원해서라도 실현하고자 하는 경향을 보인다.

이들의 행동특성은 자신이 어떤 것에 대해 확신하거나 자신의 이익을 위해서라면 말보다 먼저 행동으로 옮기려고 한다. 이때 그 행위가 타인과 관련된 경우라도, 그에게 설명하거나 동의를 구하지 않고 행동에 옮기는 경우가 많다.

이들은 거칠거나 딱딱하고 강한 편이며, 주위나 남을 의식하지 않고 자기방식으로 행동하려고 하는 편이다. 다른 자음을 쓰는 이들에 비해 상대적으로 남을 배려하거나 인정을 베푸는 면이 부족한 편이다.

이들은 상대방보다 자신이 강하다고 여기는 편이고, 또한 그렇게 노력한다. 이들은 경쟁에서 반드시 승리해야 한다고 생각하고, 패배하는 것을 아주 싫어한다.

이들의 이러한 특성 때문에 이들을 악용하거나 이용하려는 사람들이 많고, 실제로 역사적으로도 이러한 사실을 쉽게 확인할 수 있다. 현대 사회의 정치, 검찰, 경찰, 군사 등에서 이들의 특성을 이용하는 사례를 쉽게 찾아볼 수 있다.

이들의 경제관념은 현실주의로 이것저것 다양한 것에 관심을 두지 않고 몇 가지 정보와 자신의 경험 등을 바탕으로 자신 있는 경제분야(사업, 주식, 부동산 등)에만 관심을 가지려고 한다. 자금운용은 비교적 복잡하지 않고 단순하게 운용하는 편이고 자신이 원하는 것은 수단과 방법을 가리지 않고 어떻게든 취하려는 경향이 강하다.

이들이 선호하는 운동종목은 부드럽고 유연한 종목보다 축구, 권투, 격투기 등과 같은 거칠고 강한 종목을 선호하는 편이다.

이들에게 적합한 직업은 금속제품취급자(기술자, 외과의사, 악기연주자 등), 군인, 경찰, 검찰, 운동선수, 가수 등에 잘 어울린다. 이들은 생활신조마저 「강한 것만이 나의 삶」이라고 여기므로 부드럽고 따뜻하고 우아한 것을 그다지 좋아하지 않는다.

후음(ㅇ, ㅎ)의 특징

구분	특징
관심분야	다양하고 폭넓게 관심을 가지고, 관심의 깊이는 기존의 정보를 수집·정리하여 다듬는 수준이다.
사고체계	① 사고가 종합적이고 유연하다. ② 합리성과 원만함을 선호한다. ③ 감정적이기보다 이성적으로 판단한다. ④ 일상에서 마찰보다는 화합과 타협을 선호한다.
행동특성	① 거칠거나 모나지 않고 원만하고 의연한 편이다. ② 폭행, 상해, 살상 등의 행동을 좋아하지 않는다. ③ 과감성과 결단성이 부족한 면이 있다.
경제관념	① 다양한 분야에 관심이 많다. ② 합리적인 수준의 경제운용을 하는 편이다.
운동종목	강하고 거친 운동종목보다 부드럽고 유연한 종목을 선호한다.
직업	진행자, 상담자, 판사, 변호사 등 종합적인 사고와 판단을 요하는 직업에 적합하다.

후음 'ㅇ', 'ㅎ'은 목구멍의 모양을 본떠서 만든 글자이고, 이 소

리는 혀뿌리, 연구개(물렁입천장), 코들이 어우러져 소리를 내는 글자이다. 이 후음은 「그 기운(에너지)이 둥글게 모아진다」는 것이 핵심이다. 그 정도와 강도는 'ㅇ < ㅎ'의 순이다. 'ㄴ' 계열인 설음은 기운이 퍼져 있어 모아지지 않으나, 'ㅇ' 계열인 후음은 기운이 모아진다는 점에서 차이가 있다.

이름에 이 후음을 쓰는 사람들에게 이 후음의 뜻이 그대로 나타난다.

이들의 관심분야는 모든 분야에 걸쳐 폭넓게 가지는 편이다. 이들의 관심의 깊이는 설음인 'ㄴ' 계열보다 조금 깊으나 그리 깊은 편은 아니다. 그래서 관심의 깊이가 기존의 정보를 수집·정리하여 완성하는 수준이다.

이들은 설음과 같이 합리주의, 평화주의, 이상주의를 추구하는 편이다.

이들은 글자의 모양처럼 모가 나지 않는 둥글고 원만한 성격이어서 정치, 경제, 사회, 문화, 철학 등 모든 분야에서 유명인이 가장 많다.

한국의 역대 대통령, 한국의 성리학자, 한국의 유명 연예인을 비롯한 역대 노벨상 수상자(의학, 물리, 화학, 문학, 평화, 경제학) 등의 이름에는 이 후음이 어느 위치든 거의 모두 들어 있다는 것을 알 수 있다.

이들의 사고체계는 종합적이고 유연하다. 설음인 'ㄴ' 계열은 대체로 상대방과 마찰을 피하려고만 하는 반면, 이들은 상대방의 의견을 종합적이고 유연하게 접근하여 마찰을 빚는 일이 많지 않은 편이다.

이들은 설음과 비슷하게 아집과 고집으로 자기합리화를 추구하기보다 일반화에 입각한 합리주의와 원만함을 선호한다.

이들은 어떤 사안에 대한 판단을 감정적이거나 비논리적이기보다 이성적이고 합리적으로 접근하는 편이다.

이들은 사회문제에 대해 많은 관심을 가지나 화합과 타협을 원하는 편이다. 일상에서도 마찰보다 화합과 타협을 선호한다.

이들의 행동특성은 성격적으로 남을 아프게 하는 등의 거칠고 강한 행동은 싫어하고 상대와 대화로 원만하게 해결하고자 하는 편이다. 그래서 폭언, 폭행, 상해, 살상 등을 좋아하지 않는다. 이들 역시 고기를 날것으로 먹는 것을 좋아하지 않고 완전히 익혀서 먹는 것을 좋아한다. 어떤 사안에 대해 결정을 내리고 실행을 해야 할 경우에 과감성과 결단성이 부족한 면이 있다.

이들의 경제관념은 다양한 분야에 관심이 많고, 자금운용이나 경제운용이 무리하지 않으면서 종합적이고 합리적으로 운영하는 편이다.

이들이 선호하는 운동종목은 부드럽고 유연한 종목을 선호하고, 거친 운동을 하더라도 자신의 스타일로 아름답고 유연하게 운동을 한다.

이에 대한 대표적인 선수로 올림픽 금메달리스트인 김연아, 이용대 등을 통해 잘 알 수 있다.

특히, 피겨의 김연아 선수의 경우 후음 'ㅇ'이 2개여서 아름답고 우아하고 유연하며, 아음 'ㄱ'의 깊이, 설음 'ㄴ'의 부드러움, 순음 'ㅁ'의 분명함, 모음의 'ㅕ', 'ㅏ', 'ㅣ'로 음양의 조화와 적당함, 정도껏, 저돌성 등으로 강약의 조절 능력 등 골고루 갖춘 이름이라고 할 수 있다.

그래서 김연아의 연기는 누구도 범접할 수 없는 아름답고, 우아하며, 유연하고, 부드러우면서도 기품과 품격을 갖춘 연기로 세계인을 감동시켰다고 할 수 있다.

무엇보다 김연아 선수는 대체로 기복이 없는 반면, 라이벌인 일본의 아사다 마오는 모음이 양으로만 구성되어 있어 경쟁 선수의 점수에 심하게 영향을 받는 등 감정조절에 어려움이 많은 특징이 있다.

이들에게 적합한 직업은 모든 사항에 대하여 종합적이고 합리적인 판단을 잘하는 편이어서, 진행자, 상담자, 판사, 변호사 등 종합적인 판단을 필요로 하는 직업에 잘 어울린다.

4. 작명 시 고려할 사항

이름에
꼭 필요한 자음

이름에 꼭 필요한 자음	비중
설음과 후음	약 30% 이상

　앞에서 기술한 바와 같이, 아음, 순음, 치음의 자음들은 강한 성격으로 나타나는 반면, 설음과 후음은 부드럽고 따뜻하며 합리적이고 유연한 성격으로 나타난다.

　인간은 사회적 동물이기 때문에 단 하루도 자신의 주변 사람들과 교감을 나누지 않고는 살아갈 수 없는 존재이다. 이때 사람들 간의 교감을 위한 필요조건은 부드러움과 합리성 등이 될 것이다.

그러기 위해서는 이름에 설음과 후음의 자음이 반드시 필요하며, 그 비중은 최소 약 30% 이상 되는 것이 좋다.

이름에서 설음과 후음의 자음이 30% 이상 되기 위해서는 자음의 총 개수가 5개나 6개라면 최소한 2개 정도 되어야 할 것이고, 자음의 총 개수가 3개 이하라면 최소한 1개 정도 되어야 할 것이다.

만약 설음과 후음의 자음이 약 30% 정도 미치지 못하는 이름을 쓰는 사람들은 부드러움이나 합리성이 다소 떨어져, 고지식하고 경직되고 기계적이고 여백이 부족한 성격으로 나타날 수 있다.

따라서 이들은 상대방을 배려하거나 상대방의 아픔을 함께하거나 친절을 베푸는 등의 인간미가 다소 부족할 수 있다.

이런 사람들은 이런 점을 감안하여 자신의 부족한 부분을 보완하는 노력을 꾸준히 하면서 세상을 살아가는 것이 좋을 것이다.

그렇지 않으면 이들의 주위에는 이들과 함께 마음을 나눌 사람이 남아있지 않게 될 것이고, 그로 인해 이들은 언제나 외로운 일생을 살아갈 수도 있다.

어떤 성격을 원하는가?

구분	이름에 포함하여야 할 자모
강하고 활발한 성격을 원할 경우	① 모음의 양성을 50% 이상 되게 하고, ② 초성에 아음과 순음과 치음을 50% 이상 되게 하거나, 초성과 종성을 합한 전체 자음 중 아음과 순음과 치음이 50% 이상 되게 하면 된다.
부드럽고 활발한 성격을 원할 경우	① 모음 양성을 50% 이상 되게 하고, ② 초성에 설음과 후음을 50% 이상 되게 하면 된다.
강하고 신중한 성격을 원할 경우	① 모음의 음성을 50% 이상 되게 하고, ② 초성에 아음과 순음과 치음을 50% 이상 되게 하거나, 초성과 종성을 합한 전체 자음 중 아음과 순음과 치음이 50% 이상 되게 하면 된다.
부드럽고 신중한 성격을 원할 경우	① 모음 음성을 50% 이상 되게 하고, ② 초성에 설음과 후음을 50% 이상 되게 하면 된다.

강하고 활발한 성격으로 살아가길 원할 경우, 모음의 양성(ㅏ, ㅑ, ㅗ, ㅛ, ㅘ, ㅚ, ㅐ, ㅒ, ㅖ)을 50% 이상 되게 하고, 자음 초성에 아음 (ㄱ, ㅋ, ㄲ)과 순음(ㅁ, ㅂ, ㅍ, ㅃ)과 치음(ㅅ, ㅈ, ㅊ, ㅆ, ㅉ)을 50% 이상 되게 하거나, 초성과 종성을 합한 자음 전체 중 아음과 순음과 치음 이 50% 이상 되게 하면 된다.

예를 들어, 고려시대 강감찬 장군은 모음이 모두 양성(ㅏ)으로 구성되어 있고, 이름의 초성만을 살펴보더라도 아음인 'ㄱ'이 2개 있고 치음인 'ㅊ'이 1개 있어 모두 강한 아음과 치음으로 구성되 어 있다. 아울러, 강감찬의 이름 종성에도 순음인 'ㅁ'이 1개 있 어, 초성과 종성을 합한 6개 자음 중 아음과 순음과 치음이 4개 로 66%가 된다.

이로써 강감찬의 성격은 아주 강하고 활발한 성격으로 살아갔 을 것으로 추정된다.

부드럽고 활발한 성격으로 살아가길 원할 경우, 모음의 양성(ㅏ, ㅑ, ㅗ, ㅛ, ㅘ, ㅚ, ㅐ, ㅒ, ㅖ)을 50% 이상 되게 하고, 자음 초성에 설음 (ㄴ, ㄷ, ㄹ, ㅌ, ㄸ)과 후음(ㅇ, ㅎ)을 50% 이상 되게 하면 된다.

예를 들어, 노태우 대통령은 모음이 양성(ㅗ, ㅒ)과 음성(ㅜ)으로 구성되어 있어 양성이 66%이고, 이름의 초성을 살펴보더라도 설 음인 'ㄴ과 ㅌ'이 초성에 2개 있고 후음인 'ㅇ'이 초성에 1개 있어 모두 부드러운 설음과 후음으로 구성되어 있다.

이로써, 노태우의 성격은 아주 부드럽고 활발한 성격으로 살아 갔을 것으로 추정된다.

강하고 신중한 성격으로 살아가길 원할 경우, 모음의 음성(ㅓ, ㅕ, ㅜ, ㅠ, ㅔ, ㅖ, ㅝ, ㅟ, ㅞ)을 50% 이상 되게 하고, 자음 초성에 아음 (ㄱ, ㅋ, ㄲ)과 순음(ㅁ, ㅂ, ㅍ, ㅃ)과 치음(ㅅ, ㅈ, ㅊ, ㅆ, ㅉ)을 50% 이상 되게 하거나, 초성과 종성을 합한 자음 전체 중 아음과 순음과 치음 이 50% 이상 되게 하면 된다.

예를 들어, 조선시대 이순신 장군은 모음이 음성(ㅓ)과 중성(ㅣ) 으로 구성되어 음성의 비중이 50% 이상이고, 이름의 초성을 살 펴보면 초성 3개 중 치음인 'ㅅ'이 2개여서 66%로 구성되어 있다.

이로써, 이순신의 성격은 강하고 신중한 성격으로 살아갔을 것으로 추정된다.

부드럽고 신중한 성격으로 살아가길 원할 경우, 모음의 음성(ㅓ, ㅕ, ㅜ, ㅠ, ㅔ, ㅖ, ㅝ, ㅟ, ㅞ)을 50% 이상 되게 하고, 자음 초성에 설음 (ㄴ, ㄷ, ㄹ, ㅌ, ㄸ)과 후음(ㅇ, ㅎ)을 50% 이상 되게 하면 된다.

예를 들어, 이건희 회장은 모음이 음성(ㅓ)과 중성(ㅣ와 ㅢ)으로 구 성되어 있어 음성이 50% 이상이고, 이름의 초성을 살펴보더라도 초성 3개 중 후음인 'ㅇ'과 'ㅎ'이 2개 있어 66%로 구성되어 있다.

이로써, 이건희의 성격은 부드럽고 신중한 성격으로 살아갔을 것으로 추정된다.

정치지도자가 되길 원할 경우

제1조건	모음이 음양의 조화가 되어야 한다.
제2조건	전체 자음 중에서 설음과 후음의 비중이 최소 30% 이상 되어야 한다.
제3조건	초성에 설음이나 후음이 최소 1개 이상 있는 것이 좋다.
제4조건	초성에 아음, 순음, 치음이 2개 이상 연속되는 것을 피하는 것이 좋다.

앞에서 기술한 바와 같이, 한글의 모음이 사람의 중심적인(기본적인) 성격을 결정하고 전체 이름의 비중에서 약 60% 이상이라고 하였다. 그것은 바로 이 모음이 사람의 희로애락(喜怒哀樂)에 가장 크게 영향을 미치기 때문이다.

정치지도자 이름의 제1조건은 모음의 음양의 조화가 되어야 한다는 것이다. 정치지도자라면 국민의 기쁨과 노여움, 슬픔과 즐거움을 함께할 수 있어야 한다.

그런데 이름의 모음이 양성만이나 음성만으로 구성되어 있으면 편협한 사고와 외골수와 고집으로 한쪽만을 바라보고, 자신을 비판하는 반대편의 소리에 귀를 닫아버리거나 오히려 그들을 탄압하기 때문에 정치지도자의 이름으로는 적합하지 않다.

다행히 우리나라 국민은 역대 대통령 중에 이승만을 제외한 다른 모든 대통령을 음양의 조화를 갖춘 지도자를 선택하였다. 이승만의 이름은 중성과 양성으로만 구성되어 있는 반면, 그 외 윤보선, 박정희, 최규하, 전두환, 노태우, 김영삼, 김대중, 노무현, 이명박, 박근혜에 이르기까지 모든 대통령의 이름은 음양의 조화가 잘 갖춰져 있음을 알 수 있다.

정치지도자 이름의 제2조건은 전체 자음 중에서 설음과 후음의 비중이 30% 이상 되어야 한다. 그 이유는 앞에서 언급한 바와 같이, 이들 자음은 부드러움과 합리적인 성격으로 나타나기 때문이다. 만약 이름에서 이들 자음의 비중이 약 30% 이상 되지 않을 경우, 그 사람의 인간성은 매우 고지식하고 기계적이고 경직되어 인간미가 부족할 가능성이 높다. 이로 인해, 그는 국민의 의견이나 참모들의 의견을 철저히 무시할 가능성이 높아질 수 있다.

우리나라 이름은 성(姓)을 합쳐 3자가 대부분이다. 이 경우 자음의 수는 최대 6개에서 최소 3개이다. 만약 자음의 수가 6개라면 설음과 후음의 자음이 최소 2개가 되어야 하고, 자음의 수가 3개라면 최소 1개가 되어야 한다.

우리나라 역대 대통령의 이름은 이 제2조건을 모두 충족하고 있다. 이승만의 이름은 'ㅇ'이 2개, 'ㄴ'이 1개이므로 자음의 총수 5개 중에 설음과 후음의 합이 3개이므로 60%이다. 이처럼 윤보선은 5개 중 3개로 60%이고, 박정희는 5개 중 2개로 40%이고, 최규하는 3개 중 1개로 33%이고, 전두환은 5개 중 4개로 80%이고, 노태우는 3개 중 3개로 100%이고, 김영삼은 6개 중 2개로 33%이고, 김대중은 5개 중 2개로 40%, 노무현은 4개 중 3개로 75%이고, 이명박은 5개 중 2개로 40%이고, 박근혜는 5개 중 2개로 40%로 구성되어 있음을 알 수 있다.

정치지도자 이름의 제3조건은 초성에 설음이나 후음이 최소 1개 이상 있어야 한다. 그 이유는 앞의 제2조건과 같기 때문이다. 만약 외부로 드러나는 표면적인 성격이 부드러움이나 합리성이 결여되어 있으면 국민과 소통하려 하지 않을 가능성이 높고, 이로 인해 국민의 삶의 질은 낮아질 가능성이 매우 높아진다.

정치지도자 이름의 제4조건은 초성에 아음, 순음, 치음이 2개 이상 연속되는 것을 피하는 것이 좋다. 그 이유는 외부로 드러나는 표면적인 성격이 고집과 아집이 너무 강할 가능성이 높아져, 국민과 소통하거나 대타협보다는 독선이나 독재로 이어질 가능성이 높기 때문이다.

우리나라 역대 대통령 11명 중에는 이 제4조건을 충족하지 못한 대통령이 이승만, 윤보선, 박정희, 이명박, 박근혜 등 6명이 있다.

우리나라뿐 아니라, 다른 나라의 경우에서도 쉽게 찾아볼 수 있다. 미국의 조지 부시 대통령, 일본의 아베 신조 수상, 중국의 시진핑 주석 등이 있고, 이들의 정책이나 노선을 살펴보면 그 이유를 충분히 알 수 있을 것이다.

경영인이 되길 원할 경우

제1조건	순이름 첫 자의 모음이 음성이고, 전체적으로도 음성의 비중이 높아야 한다.
제2조건	전체 자음 중에서 설음과 후음의 비중이 최소 30% 이상 되어야 한다.
제3조건	초성에 설음이나 후음이 최소 1개 이상 있어야 한다.
제4조건	이름의 초성에 아음, 순음, 치음이 1개 이상 있으면 좋다.

경영인 이름의 제1조건은 이름 첫 자의 모음이 음성이고, 전체적으로도 음성의 비중이 높아야 한다.

정치와 달리, 기업은 기업 대표에게 참모들의 직언과 고언이 잘 전달되지 않는 특성이 있다. 그러므로 경영인이라면 자신의 기분에 따라 경영을 하는 것을 극히 자제해야 한다.

경영인은 참고 인내하여야 하고, 기업의 비밀을 함부로 발설해서는 곤란하다. 그리고 종업원들의 고충을 넓은 마음으로 헤아려야 한다.

이 조건을 충족하기 위한 가장 중요한 조건이 순이름 첫 자의 모음이 음성인 'ㅓ', 'ㅕ', 'ㅜ', 'ㅠ', 'ㅝ', 'ㅔ', 'ㅖ', 'ㅞ'이어야 하고, 전체적으로도 음성의 비중이 높아야 한다.

예를 들면, 우리나라에서 경영인으로 가장 유명한 사람을 꼽으라면 삼성그룹을 창업한 이병철과 현대그룹을 창업한 정주영을 들 수 있다. 이들의 이름은 공통적으로 모음이 성(姓)을 제외하고는 모두 음성으로만 구성되어 있다는 사실이다. 재계의 주요 인물인 이건희, 정몽구, 신격호 등을 살펴보더라도 음성의 비중이 높다는 사실을 알 수 있다. 전문 경영인의 경우는 이 조건을 충족하지 않는 사람들도 많이 있다.

경영인 이름의 제2조건과 제3조건은 정치지도자 이름의 제2조건과 제3조건과 같다. 사람은 누구나 비슷한 감정을 가지므로 인간미가 부족한 경영인과는 함께하지 않으려고 하기 때문이다.

경영인 이름의 제4조건은 이름의 초성에 아음, 순음, 치음이 1개 이상 있으면 좋다. 그 이유는 이들 자음을 쓰지 않는 경우, 경영을 책임지고 있는 자신이 자신의 주장을 임원이나 직원들에게 관철시키지 못하고, 오히려 그들에게 휘둘려 경영의 목표나 방향이 흔들릴 가능성이 높아질 수 있기 때문이다.

어떤 직업을 원하는가?

직업군	자모의 구성
의사	① 정신과: 초성의 자음은 설음이나 후음이 반드시 포함되어야 하고, 그 구성비도 높으면 좋고, 특히 순이름 첫 자가 설음이나 후음이면 더 좋다. ② 그 외: 초성의 자음은 아음이나 순음이나 치음이 반드시 포함되어야 하고, 그 구성비도 높으면 좋고, 특히 순이름의 첫 자가 아음이나 순음이나 치음이면 더 좋다. 그리고 모음은 음성이 포함되는 것이 좋다.
교사	① 문과계열: 초성의 자음은 설음이나 후음이 반드시 포함되어야 하고, 그 구성비도 높으면 좋고, 특히 순이름 첫 자가 설음이나 후음이면 더 좋다. ② 이과계열: 초성의 자음은 아음이나 순음이나 치음이 반드시 포함되어야 하고, 그 구성비도 높으면 좋고, 특히 순이름 첫 자가 아음이나 순음이나 치음이면 더 좋다.
공무원	① 일반공무원: 초성의 자음은 설음이나 후음이 반드시 포함되어야 하고, 그 구성비도 높으면 좋고, 특히 순이름 첫 자가 설음이나 후음이면 더 좋다. ② 기술직공무원: 초성의 자음은 아음이나 순음이나 치음이 반드시 포함되어야 하고, 그 구성비도 높으면 좋고, 특히 순이름 첫 자가 아음이나 순음이나 치음이면 더 좋다.

판사 연기자 상담사	초성의 자음은 설음이나 후음이 반드시 포함되어야 하고, 그 구성비도 높으면 좋고, 특히 순이름 첫 자가 설음이나 후음이면 더 좋다.
군인 경찰 검사 기술자	초성의 자음은 아음이나 순음이나 치음이 반드시 포함되어야 하고, 그 구성비도 높으면 좋고, 특히 순이름 첫 자가 아음이나 순음이나 치음이면 더 좋다.
개그맨	초성의 자음은 설음이나 후음이 반드시 포함되어야 하고, 그 구성비도 높으면 좋고, 특히 순이름 첫 자가 설음이나 후음이면 더 좋다. 그리고 모음은 양성의 구성비가 높아야 한다.
음악가	초성의 자음은 아음이나 순음이나 치음이 반드시 포함되어야 하고, 그 구성비도 높으면 좋고, 특히 순이름 첫 자가 아음이나 순음이나 치음이면 더 좋다. 그리고 모음은 양성이 포함되는 것이 좋다.

이름의 모음에서 양성의 비중이 높은 경우와 음성의 비중이 높은 경우의 직업적인 특성은 확연히 다르다.

양성의 비중이 높은 경우의 직업은 개그맨, 만담가, 모험가, 개척가, 탐사가 등 새로운 일에 도전하는 직업에 잘 어울린다.

이에 대한 대표적인 인물로, 개그맨에는 '배삼룡', '송해', '이상용', '강호동' 등이 있다.

그리고 동방견문록의 저자 '마르코 폴로', 미대륙을 발견한 '크리스토퍼 콜럼버스', 세계 일주를 하여 마젤란으로 더 잘 알려진

'페르디난드 마젤란(포르투갈에서는 '페르낭 드 마갈량이스'라고 함)' 등 수많은 사람들이 있다.

반면, 음성의 비중이 높은 경우의 직업은 경영인, 경제인, 종교인, 비밀취급자 등 참을성과 인내심을 요구하는 직업에 잘 어울린다. 이에 대한 대표적인 인물로, 경영인 중에는 '이병철', '정주영', '빌 게이츠', '워런 버핏' 등이 있고, 승려 중에는 '성철', '법전', '법정' 등이 있고, 추기경 중에는 '정진석', '염수정' 등 수많은 사람들이 있다.

이름의 자음에서 아음이나 순음이나 치음의 비중이 높은 경우와 설음과 후음의 비중이 높은 경우의 직업적인 특성도 확연히 다르다.

아음이나 순음이나 치음의 비중이 높은 경우의 직업은 의사, 검사, 경찰, 군인, 기술자, 이과계열 교사, 음악가 등 금속제품을 다루는 강하면서 다소 거친 직업에 잘 어울린다.

우리 주변에서 의사, 검사, 경찰, 군인, 기술자, 음악가 등의 이름을 살펴보면, 그들의 이름에는 아음이나 순음이나 치음이 1개 이상 포함되어있는 경우가 약 90% 이상이라는 사실을 쉽게 발견할 수 있을 것이다.

반면, 설음이나 후음의 비중이 높은 경우의 직업은 정신과 의사, 판사, 문과계열 교사, 연기자, 상담사, 개그맨 등 폭넓게 수용하고 부드럽게 접근하여야 하는 직업에 잘 어울린다.

마찬가지로, 주변에서 판사, 문과계열 교사, 연기자, 상담사, 개그맨 등의 이름을 살펴보면, 그들의 이름에는 설음이나 후음이 1개 이상 포함되어있는 경우가 약 90% 이상이라는 사실을 쉽게 발견할 수 있을 것이다.

제2장

이름의 자모가 성격에 미치는 세부관계도

1. 이름의 모음이 성격에 미치는 세부관계도
2. 이름의 자음이 성격에 미치는 세부관계도

성(姓)이 1자 + 순이름이 2자인 경우

❖ 이름의 형태

구분	성(姓)	순이름의 첫 자	순이름의 둘째 자
초성	a1	a2	a3
중성	b1 (약 30% 미만)	b2 (약 40% 이상)	b3 (약 30% 이상)
종성	c1	c2	c3

※ (   )는 모음이 성격에 미치는 비중을 나타낸 것이다.

　　우리나라에서 가장 많은 비중을 차지하는 이름은 성(姓)이 1자이고, 순이름이 2자인 경우이다.

❖ 이름의 모음이 성격에 미치는 비중

그 사람의 성격에 가장 많은 영향을 미치는 자모는 중성인 모음이다. 이름의 모음은 그 사람의 중심적(기본적)인 성격에 영향을 미친다.

이 이름의 모음이 그 사람의 성격에 미치는 영향은 다양한 형태가 있다. 가장 많은 영향을 미치는 것은 이름의 각 음절(소리마디)이다.

이를 백분율로 기술하면 ① 순이름의 첫 자(b2)가 약 40% 이상, ② 순이름의 둘째 자(b3)가 약 30% 이상, ③ 성(b1)이 약 30% 미만의 순으로 영향을 미친다. (여기서 비율은 논의의 여지가 있을 수 있다.)

그다음으로, 모음이 2개 이상 결합된 형태로도 그 사람의 성격에 영향을 미친다. 이것만으로 백분율로 기술하면 ① b2-b3 약 60%, ② b1-b2 약 25%, ③ b1-b3 약 10% ④ b1-b2-b3 약 5%의 순으로 영향을 미친다. (여기서 비율은 논의의 여지가 있을 수 있다.)

모음이 2개 이상 결합된 모음의 형태에 대해서는 2음절의 형태에 한해서만 살펴보고자 한다.

3음절 이상의 형태에 대해서는 성격에 미치는 영향이 복잡하고, 상대적으로 미약하기 때문에 여기서는 생략하기로 한다.

❖ 2음절 모음의 형태

(1) 양성 + 양성

형태		양(ㅏ, ㅑ, ㅗ, ㅛ, ㅘ, ㅙ, ㅐ, ㅒ) + 양(ㅏ, ㅑ, ㅗ, ㅛ, ㅘ, ㅙ, ㅐ, ㅒ)
주요성격	긍정적	쾌할, 상쾌, 상냥, 호쾌, 호탕, 활동, 행동, 애교, 사교, 낙관, 환상, 가교, 광폭, 다양, 대화, 공상, 돌파, 탐방, 확대
	부정적	난폭, 노발, 도발, 마찰, 몰살, 학살, 모략, 잔혹, 조작, 악독, 야박, 과장, 교만, 나태, 논란, 타락, 몰락, 산만, 공포, 초조, 망상, 환란

앞 이름의 형태에서, b1, b2, b3 중 양성이 2개 이상이면 '양성 + 양성'의 성격이 나타난다.

예로 강감찬, 배삼룡, 이상용, 송대관, 강호동, 박찬호 등과 같은 이름이다.

이 경우 위의 주요 성격 중에 긍정적인 성격을 보일 수도 있고, 부정적인 성격을 보일 수도 있다.

인간은 누구나 악마의 성격과 천사의 성격을 함께 가지고 있다.

인간은 어떤 누구에게는 천사의 성격을 보이기도 하지만, 어떤 누구에게는 악마의 성격을 보이기도 한다.

그러므로 평소 마음의 수양을 많이 쌓으면 긍정적인 성격이 많이 나타날 수 있지만, 그렇지 않을 경우는 부정적인 성격이 많이 나타날 수도 있다.

(2) 양성 + 음성

조합		양(ㅏ, ㅑ, ㅗ, ㅛ, ㅘ, ㅙ, ㅐ, ㅒ) + 음(ㅓ, ㅕ, ㅜ, ㅠ, ㅝ, ㅟ, ㅞ, ㅔ, ㅖ)
주 요 성 격	긍 정 적	활성, 효율, 모험, 강력, 맹렬, 장렬, 개혁, 야성, 관철, 만전, 노출, 타협, 매력, 모범, 나눔, 도움, 자선, 자율, 단정, 온순, 안정, 완전, 용서
	부 정 적	강제, 공격, 과격, 광분, 괴성, 난투, 다툼, 다혈, 돌출, 모멸, 살벌, 삼엄, 악덕, 항거, 호전, 환멸

앞 이름의 형태에서, b1이 양성이고 b2나 b3 중 음성이 1개 이상이거나 b2가 양성이고 b3가 음성이면 '양성 + 음성'의 성격이 나타난다.

예로 정도전, 박목월, 윤동주, 노태우, 김대중, 최동원, 유재석 등과 같은 이름이다.

이 경우 위의 주요 성격 중에 긍정적인 성격을 보일 수도 있고, 부정적인 성격을 보일 수도 있다.

(3) 양성 + 중성

조합		양(ㅏ, ㅑ, ㅗ, ㅛ, ㅘ, ㅙ, ㅐ, ㅒ) + 중(ㅡ, ㅣ, ㅢ)
주 요 성 격	긍 정 적	논의, 다짐, 도리, 동기, 통신, 마음, 몰입, 사리, 생기, 자비, 창의, 아름, 안심, 용기
	부 정 적	가식, 간신, 갈등, 고의, 과시, 광기, 낭비, 도피, 반기, 탐진

앞 이름의 형태에서, b1이 양성이고 b2나 b3 중 중성이 1개 이상이거나 b2가 양성이고 b3가 중성이면 '양성 + 중성'의 성격이 나타난다.

예로 손기정, 박정희, 안중근, 김동리, 박경리, 김용희 등과 같은 이름이다.

이 경우 위의 주요 성격 중에 긍정적인 성격을 보일 수도 있고, 부정적인 성격을 보일 수도 있다.

(4) 음성 + 양성

조합		음(ㅓ, ㅕ, ㅜ, ㅠ, ㅝ, ㅟ, ㅖ, ㅔ, ㅖ) + 양(ㅏ, ㅑ, ㅗ, ㅛ, ㅘ, ㅙ, ㅐ, ㅒ)
주 요 성 격	긍 정 적	거대, 거창, 검토, 격파, 결단, 계획, 구상, 규합, 명상, 명확, 평화, 서행, 저항, 적당, 전망, 정도, 정확, 중용, 여론, 연합, 연마, 예방, 협동
	부 정 적	투쟁, 투항, 멸망, 번뇌, 분노, 불만, 불안, 절망, 폐망, 선동, 저돌, 허망, 허탈, 허황, 협박

앞 이름의 형태에서, b1이 음성이고 b2나 b3 중 양성이 1개 이상이거나 b2가 음성이고 b3가 양성이면 '음성 + 양성'의 성격이 나타난다.

예로 성삼문, 전두환, 김영삼, 이명박, 김연아, 손연재 등과 같은 이름이다.

이 경우 위의 주요 성격 중에 긍정적인 성격을 보일 수도 있고, 부정적인 성격을 보일 수도 있다.

(5) 음성 + 음성

조합		음(ㅓ, ㅕ, ㅜ, ㅠ, ㅝ, ㅟ, ㅞ, ㅔ, ㅖ) + 음(ㅓ, ㅕ, ㅜ, ㅠ, ㅝ, ㅟ, ㅞ, ㅔ, ㅖ)
주 요 성 격	긍 정 적	거룩, 건전, 격정, 결정, 겸허, 경건, 구현, 규율, 균형, 두루, 투철, 면역, 명석, 법규, 분석, 불변, 평정, 정열, 충분, 엄중, 열중, 유연, 융성, 현명
	부 정 적	걱정, 결벽, 경멸, 권위, 투정, 변절, 병폐, 부정, 분열, 불평, 편견, 절규, 억류, 억제, 우려, 허례, 허풍, 허영

앞 이름의 형태에서, b1, b2, b3 중 음성이 2개 이상이면 '음성
+ 음성'의 성격이 나타난다.

예로 이성계, 류성룡, 노무현, 이병철, 정주영, 류현진 등과 같
은 이름이다.

이 경우 위의 주요 성격 중에 긍정적인 성격을 보일 수도 있고,
부정적인 성격을 보일 수도 있다.

(6) 음성 + 중성

조합		음(ㅓ, ㅕ, ㅜ, ㅠ, ㅝ, ㅟ, ㅞ, ㅔ, ㅖ) + 중(ㅡ, ㅣ, ㅢ)
주 요 성 격	긍 정 적	건실, 결의, 성실, 세심, 정리, 정밀, 준비, 충실, 투지, 명심, 법리, 검진, 주의, 경근, 설득, 정의, 예의, 원칙, 평등, 편리, 편집, 혁신
	부 정 적	거짓, 경시, 굴림, 멸시, 궁핍, 번민, 부진, 불능, 불리, 불신, 폐지, 죽음

앞 이름의 형태에서, b1이 음성이고 b2나 b3 중 중성이 1개 이
상이거나 b2가 음성이고 b3가 중성이면 '음성 + 음성'의 성격이
나타난다.

예로 이순신, 안중근, 박근혜, 이건희, 이선희, 이정희 등과 같
은 이름이다.

이 경우 위의 주요 성격 중에 긍정적인 성격을 보일 수도 있고,
부정적인 성격을 보일 수도 있다.

(7) 중성 + 양성

조 합		중(ㅡ, ㅣ, ㅢ) + 양(ㅏ, ㅑ, ㅗ, ㅛ, ㅘ, ㅙ, ㅐ, ㅒ)
주 요 성 격	긍 정 적	기발, 기본, 능동, 응용, 이론, 이상, 미소, 인사, 기대, 기도, 기상, 민감, 증감, 진보, 진행, 이동
	부 정 적	극단, 급락, 급작, 기만, 긴장, 비참, 비통, 침통, 핍박, 증오, 비난, 비관, 비판, 미달, 미완, 빈곤, 음모

앞 이름의 형태에서, b1이 중성이고 b2나 b3 중 양성이 1개 이
상이거나 b2가 중성이고 b3가 양성이면 '중성 + 양성'의 성격이
나타난다.

예로 박승환, 손지창, 박신양, 김지호, 김진환, 이승환 등과 같
은 이름이다.

이 경우 위의 주요 성격 중에 긍정적인 성격을 보일 수도 있고,
부정적인 성격을 보일 수도 있다.

(8) 중성 + 음성

조 합		중(ㅡ, ㅣ, ㅢ) + 음(ㅓ, ㅕ, ㅜ, ㅠ, ㅝ, ㅟ, ㅞ, ㅔ, ㅖ)
주 요 성 격	긍 정 적	근검, 근면, 능률, 능숙, 비결, 긍정, 기술, 기준, 기품, 비축, 신중, 지원, 진격, 진열, 진정, 집중, 은혜, 의연, 이성, 인성, 인정, 임무
	부 정 적	극성, 급변, 급전, 기절, 기형, 능멸, 미결, 미력, 미련, 미숙, 미정, 비명, 비정, 빈정, 빈축, 핑계

앞 이름의 형태에서, b1이 중성이고 b2나 b3 중 음성이 1개 이
상이거나 b2가 중성이고 b3가 음성이면 '중성 + 음성'의 성격이
나타난다.

예로 문익점, 이순신, 김영삼, 김대중, 이건희, 전지현, 이승엽
등과 같은 이름이다.

이 경우 위의 주요 성격 중에 긍정적인 성격을 보일 수도 있고,
부정적인 성격을 보일 수도 있다.

(9) 중성 + 중성

조합		중(ㅡ, ㅣ, ㅢ) + 중(ㅡ, ㅣ, ㅢ)
주요 성격	긍정적	근기, 긍지, 기민, 믿음, 신의, 실리, 심지, 진실, 친밀, 응집, 의리, 의식, 의지, 이득, 이익, 이치, 인지, 일치, 입지
	부정적	근심, 금지, 미진, 비급, 비리, 빈틈, 빌미, 시비, 은밀, 의심

앞 이름의 형태에서, b1, b2, b3 중 중성이 2개 이상이면 '중성 + 중성'의 성격이 나타난다.

예로 이이(이율곡), 이순신, 이승만, 김규식, 이건희, 이승엽, 이승기 등과 같은 이름이다.

이 경우 위의 주요 성격 중에 긍정적인 성격을 보일 수도 있고, 부정적인 성격을 보일 수도 있다.

성(姓)이 1자 + 순이름이 1자인 경우

❖ **모음의 조합**

구분	성(姓)	순이름
초성	a1	a2
중성	b1 (30~50%)	b2 (70~50%)
종성	c1	c2

※ (   )는 모음이 성격에 미치는 비중을 나타낸 것이다.

우리나라에서 두 번째로 많은 비중을 차지하는 이름은 성(姓)이 1자이고 순이름이 1자인 경우다. 이때 그 사람의 성격에 가장 많은 영향을 미치는 자모는 중성인 모음이다. 이 모음은 그 사람의 중심적(기본적)인 성격에 영향을 미친다.

이 이름의 모음이 그 사람의 성격에 미치는 영향은 다양한 형태가 있다. 가장 많은 영향을 미치는 것은 이름의 각 음절(소리마디)이다. 이를 백분율로 기술하면 ① 순이름(b2)이 약 70~50%, ②

성(b1)이 약 30~50%의 순으로 영향을 미친다.

그런데 이 이름은 성(姓)도 1자이고 순이름도 1자이므로 순이름만 부르는 경우와 성(姓)과 순이름을 함께 부르는 경우가 사람마다 다를 수 있다. 그래서 이 이름은 성(姓)과 순이름의 영향이 각 50:50의 비중이 될 수도 있다. (이 비율에 대해서는 논의의 여지가 있을 수 있다.)

그다음으로, 모음이 2개 이상 결합된 형태로도 성격에 영향을 미친다. 그런데 이 이름은 성(姓)이 1자이고, 순이름이 1자이므로 모음을 2음절로 묶을 경우 경우의 수는 1가지뿐이다.

❖ **모음의 형태**

이 이름은 2음절의 조합의 수는 1가지지만, 모음의 형태는 앞 1.의 '성(姓)이 1자 + 순이름이 2자인 경우'와 동일하다. 따라서 이 이름의 모음의 형태도 앞 1.을 참고하면 된다.

성(姓)이 2자 + 순이름이 1자인 경우

❖ **모음의 조합**

구분	성(姓)의 첫 자	성(姓)의 둘째 자	순이름
초성	a1	a2	a3
중성	b1 (약 20%)	b2 (약 10%)	b3 (약 70%)
종성	c1	c2	c3

※ (　)는 모음이 성격에 미치는 비중을 나타낸 것이다.

　우리나라 사람들 중에 성(姓)이 2자이고 순이름이 1자인 경우는 많지 않다. 이 이름의 경우도 그 사람의 성격에 가장 많은 영향을 미치는 자모는 중성인 모음이다.

　이 이름의 모음이 그 사람의 성격에 미치는 영향은 다양한 형태가 있다. 가장 많은 영향을 미치는 것은 이름의 각 음절(소리마디)이다. 이를 백분율로 기술하면 ① 순이름(b3)이 약 70%, ② 성(姓)의 첫 자(b1)가 약 20%, ③ 성(姓)의 둘째 자(b2)가 약 10% 미만

의 순으로 영향을 미친다. (여기서 비율은 논의의 여지가 있을 수 있다)

그다음으로, 모음이 2개 이상 결합된 형태로도 성격에 영향을
미친다. 이것만으로 백분율로 기술하면 ① b1-b3는 약 50%, ②
b2-b3는 약 30%, ③ b1-b2는 약 15%, ④ b1-b2-b3 약 5%의 순
으로 영향을 미친다. (여기서 비율은 논의의 여지가 있을 수 있다.)

모음이 2개 이상 결합된 모음의 형태에 대해서는 2음절의 형태
에 한해서 살펴보고자 한다.

3음절 이상의 형태에 대해서는 성격에 미치는 영향이 상대적
으로 미약하기 때문에 여기서는 생략하고자 한다.

❖ **모음의 형태**

모음의 형태는 앞 1.의 '성(姓)이 1자 + 순이름이 2자인 경우'와 동
일하다. 따라서 이 이름의 모음의 형태도 앞 1.을 참고하면 된다.

성(姓)이 2자 + 순이름이 2자인 경우

❖ **모음의 조합**

구분	성의 첫 자	성의 둘째 자	순이름 첫 자	순이름 둘째 자
초성	a1	a2	a3	a4
중성	b1 (약 20%)	b2 (약 10%)	b3 (약 40%)	b4 (약 30%)
종성	c1	c2	c3	c4

※ ( )는 모음이 성격에 미치는 비중을 나타낸 것이다.

우리나라 사람들 중에 성(姓)이 2자이고 순이름이 2자인 경우는 많지 않다. 이 이름의 경우도 그 사람의 성격에 가장 많은 영향을 미치는 자모는 중성인 모음이다.

이 이름의 모음이 그 사람의 성격에 미치는 영향은 다양한 형태가 있다. 가장 많은 영향을 미치는 것은 이름의 각 음절(소리마디)이다. 이를 백분율로 기술하면 ① 순이름 첫 자(b3)가 약 40%, ② 순이름 둘째 자(b4)가 약 30%, ③ 성(姓)의 첫 자(b1)가 약 20%,

④ 성(姓)의 둘째 자(b2)가 약 10%의 순으로 영향을 미친다. (여기서 비율은 논의의 여지가 있을 수 있다.)

그다음으로, 모음이 2개 이상 결합된 형태로도 성격에 영향을 미친다. 이것만으로 백분율로 기술하면 ① b3-b4는 약 50%, ② b1-b3는 약 20%, ③ b1-b4는 약 10%, ④ b2- b3는 약 7%, ⑤ b2- b4는 약 5%, ⑥ 그 밖에 b1-b3-b4, b2-b3-b4, b1-b2-b3, b1-b2-b4, b1-b2-b3-b4의 조합이 있고, 이를 합해서 약 8%의 순으로 영향을 미친다. (여기서 비율은 논의의 여지가 있을 수 있다.)

모음이 2개 이상 결합된 모음의 형태에 대해서는 2음절의 형태에 한해서 살펴보고자 한다.

3음절 이상의 형태에 대해서는 성격에 미치는 영향이 상대적으로 미약하기 때문에 여기서는 생략하고자 한다.

❖ 모음의 형태

모음의 형태는 앞 1.의 '성(姓)이 1자 + 순이름이 2자인 경우'와 동일하다. 따라서 이 이름의 모음의 형태도 앞 1.을 참고하면 된다.

성(姓)이 1자 + 순이름이 2자인 경우

❖ 자음의 조합

구분	성(姓)	순이름의 첫 자	순이름의 둘째 자
초성	a1	a2	a3
중성	b1	b2	b3
종성	c1	c2	c3

우리나라에서 가장 많은 비중을 차지하는 이름은 성(姓)이 1자
이고 순이름이 2자인 경우이다. 이때 그 사람의 세부적인(표면적,
내면적) 성격에 영향을 미치는 자모는 초성과 종성의 자음이다.

이 이름의 자음이 그 사람의 성격에 미치는 영향은 다양한 형

태가 있다. 가장 많은 영향을 미치는 것은 이름의 각 음절(소리마디)이다. 이를 백분율로 기술하면 ① 순이름의 첫 자(a_2와 c_2)가 약 40% 이상, ② 순이름의 둘째 자(a_3와 c_3)가 약 30% 이상, ③ 성(a_1과 c_1)이 약 30% 미만의 순으로 영향을 미친다. (여기서 비율은 논의의 여지가 있을 수 있다)

그다음으로, 자음이 2개 이상 결합된 형태로도 세부적인(표면적, 내면적) 성격에 영향을 미친다.

이것을 2음절의 형태로만 순서를 기술하면 ① a_2-a_3, ② a_2-c_2, ③ a_2-c_3, ④ a_2-c_1, ⑤ a_1-a_2, ⑥ a_1-a_3, ⑦ a_1-c_1, ⑧ a_1-c_2, ⑨ a_1-c_3, ⑩ a_3-c_1, ⑪ a_3-c_2, ⑫ a_3-c_3, ⑬ c_2-c_3, ⑭ c_1-c_2, ⑮ c_1-c_3의 순으로 영향을 미친다. 이들의 비중을 따지기에는 너무 복잡하여 순서만 고려하기로 한다.

그밖에도 3음절 이상의 조합의 형태도 영향을 미친다. 이 역시 비중을 따지기에는 너무 복잡하고, 그 비중도 상대적으로 미약하므로 고려하지 않기로 한다.

따라서 자음의 형태에 대해서는 2음절의 형태에 한해서 살펴보고자 한다.

❖ 자음의 형태

(1) 아음 + 아음

조합		아음(ㄱ, ㅋ, ㄲ) + 아음(ㄱ, ㅋ, ㄲ)
주요성격	긍정적	간결, 갈구, 감각, 감격, 강건, 객관, 견고, 결기, 경건, 고결, 공경, 과감, 관계, 교감, 규격, 기강, 기계, 끈기
	부정적	경계, 계급, 공격, 과격, 광기, 괴걸

(2) 아음 + 설음

조합		아음(ㄱ, ㅋ, ㄲ) + 설음(ㄴ, ㄷ, ㄹ, ㅌ, ㄸ)
주요성격	긍정적	가능, 간단, 간략, 감동, 강력, 거대, 검토, 결단, 결론, 경탄, 계량, 고대, 공론, 관리, 궁리, 기대, 기도
	부정적	강탈, 건들, 격동, 골탕, 과대, 격렬, 광란, 교란, 굴림, 극단, 쾌락

(3) 아음 + 순음

조합		아음(ㄱ, ㅋ, ㄲ) + 순음(ㅁ, ㅂ, ㅍ, ㅃ)
주요성격	긍정적	간명, 간파, 갈망, 감명, 감별, 결판, 공평, 구별, 구분, 규범, 근면, 근본, 기민, 기발, 기본, 기품
	부정적	강박, 거만, 거품, 격분, 결벽, 경멸, 고민, 공모, 광분, 괴팍, 교만, 교묘, 굴복, 궤변, 급변

(4) 아음 + 치음

조합		아음(ㄱ, ㅋ, ㄲ) + 치음(ㅅ, ㅈ, ㅊ, ㅆ, ㅉ)
주요성격	긍정적	각성, 간절, 감사, 개성, 개척, 검증, 결실, 결정, 겸손, 고정, 공손, 관습, 규칙, 기술, 기준
	부정적	가짜, 간섭, 감정, 강제, 거짓, 거친, 격정, 경쟁, 계산, 고심, 고집, 과시, 괴성, 괴짜, 구속, 근심, 긴장

(5) 아음 + 후음

조합		아음(ㄱ, ㅋ, ㄲ) + 후음(ㅇ, ㅎ)
주요성격	긍정적	각오, 강화, 거행, 결의, 결합, 겸허, 경영, 경의, 경험, 계율, 계획, 관용, 관행, 구원, 구현, 균형, 근원
	부정적	강요, 격앙, 검열, 공허, 교활, 권위, 규율, 균열, 기회(주의)

(6) 설음 + 아음

조합		설음(ㄴ, ㄷ, ㄹ, ㅌ, ㄸ) + 아음(ㄱ, ㅋ, ㄲ)
주요성격	긍정적	날개, 넝쿨, 노고, 느낌, 다감, 단결, 대견, 돌격, 동거, 동경, 등극, 탐구, 태고, 통계, 통과
	부정적	난감, 노기, 다급, 대강, 대결, 타격, 투기, 특권

(7) 설음 + 설음

조합		설음(ㄴ, ㄷ, ㄹ, ㅌ, ㄸ) + 설음(ㄴ, ㄷ, ㄹ, ㅌ, ㄸ)
주 요 성 격	긍정적	나눔, 납득, 노력, 논리, 능동, 능란, 능력, 능률, 단련, 대단, 도달, 도덕, 독립, 동등, 두루, 득도, 토론
	부정적	나른, 나태, 낙담, 난동, 남루, 논란, 놀람, 느림, 대략, 독단, 타락

(8) 설음 + 순음

조합		설음(ㄴ, ㄷ, ㄹ, ㅌ, ㄸ) + 순음(ㅁ, ㅂ, ㅍ, ㅃ)
주 요 성 격	긍정적	낭만, 논법, 논평, 단백, 단편, 달변, 담백, 대망, 대범, 덕망, 덕분, 돌파, 동맹, 두목, 탐방, 태평, 특별
	부정적	난발, 낭비, 노발, 누명, 능멸, 도발, 퇴폐

(9) 설음 + 치음

조합		설음(ㄴ, ㄷ, ㄹ, ㅌ, ㄸ) + 치음(ㅅ, ㅈ, ㅊ, ㅆ, ㅉ)
주 요 성 격	긍정적	낭송, 낭창, 냉정, 냉철, 능청, 다짐, 단정, 대성, 대중, 도전, 타진, 탐사, 특징
	부정적	난색, 날조, 논쟁, 농성, 도살, 독선, 독점, 돌출, 통제, 투쟁

(10) 설음 + 후음

조합		설음(ㄴ, ㄷ, ㄹ, ㅌ, ㄸ) + 후음(ㅇ, ㅎ)
주요성격	긍정적	다양, 다원, 다행, 단아, 단합, 대응, 대항, 대화, 덕행, 도움, 동원, 동의, 동화, 등용, 통용, 통합
	부정적	나약, 다혈, 당황, 동요, 투항

(11) 순음 + 아음

조합		순음(ㅁ, ㅂ, ㅍ, ㅃ) + 아음(ㄱ, ㅋ, ㄲ)
주요성격	긍정적	마감, 말끔, 묘기, 무궁, 발굴, 패기, 평가, 평균
	부정적	망각, 민감, 반기, 발광, 방관, 배격, 분개, 포기

(12) 순음 + 설음

조합		순음(ㅁ, ㅂ, ㅍ, ㅃ) + 설음(ㄴ, ㄷ, ㄹ, ㅌ, ㄸ)
주요성격	긍정적	만능, 매듭, 매력, 맹렬, 박력, 발달, 방대, 배려, 편리, 평등
	부정적	몰락, 무력, 미련, 번뇌, 부당, 분리, 폐단

(13) 순음 + 순음

조합		순음(ㅁ, ㅂ, ㅍ, ㅃ) + 순음(ㅁ, ㅂ, ㅍ, ㅃ)
주요성격	긍정적	만물, 만평, 매몰, 면모, 명망, 명백, 명품, 모범, 발명, 방범, 변모, 보물, 보배, 보편, 분명, 분별
	부정적	멸망, 무모, 미비, 박멸, 배반, 번민, 부패, 불평, 파멸, 패망, 핍박

(14) 순음 + 치음

조합		순음(ㅁ, ㅂ, ㅍ, ㅃ) + 치음(ㅅ, ㅈ, ㅊ, ㅆ, ㅉ)
주요성격	긍정적	명석, 명심, 목적, 무성, 무장, 미세, 민첩, 밀착, 발전, 번창, 법칙, 보석, 분석, 비축, 평정, 포진, 표준
	부정적	마찰, 만성, 망상, 맹신, 멸시, 모진, 몰살, 복종, 피신

(15) 순음 + 후음

조합		순음(ㅁ, ㅂ, ㅍ, ㅃ) + 후음(ㅇ, ㅎ)
주요성격	긍정적	마음, 명확, 모험, 몰입, 묘안, 믿음, 박애, 반응, 발현, 방안, 번영, 범용, 변화, 봉합, 부활, 평화, 품위
	부정적	만연, 만행, 미완, 분열, 불행, 편협

(16) 치음 + 아음

조합		치음(ㅅ, ㅈ, ㅊ, ㅆ, ㅉ) + 아음(ㄱ, ㅋ, ㄲ)
주요성격	긍정적	생각, 생기, 성격, 성공, 자격, 전개, 정기, 존경, 주관, 주권, 증거, 지킴, 진격, 질김, 참가, 최고
	부정적	사기, 자극, 저격, 전가, 절교, 절규, 착각

(17) 치음 + 설음

조합		치음(ㅅ, ㅈ, ㅊ, ㅆ, ㅉ) + 설음(ㄴ, ㄷ, ㄹ, ㅌ, ㄸ)
주요성격	긍정적	사랑, 사리, 상냥, 선량, 설득, 섭리, 세력, 정리, 주동, 중립, 지략, 진단, 추론
	부정적	선동, 설렁, 전투, 차단, 착란, 체념, 출랑, 충돌

(18) 치음 + 순음

조합		치음(ㅅ, ㅈ, ㅊ, ㅆ, ㅉ) + 순음(ㅁ, ㅂ, ㅍ, ㅃ)
주요성격	긍정적	사명, 삼매, 생명, 서명, 선명, 선별, 세밀, 자비, 전망, 전부, 정밀, 조명, 주목, 준비, 증빙, 진보, 차분, 총명, 충만, 치밀
	부정적	산발, 살벌, 처벌, 첩보, 지배, 체면

(19) 치음 + 치음

조합		치음(ㅅ, ㅈ, ㅊ, ㅆ, ㅉ) + 치음(ㅅ, ㅈ, ㅊ, ㅆ, ㅉ)
주요성격	긍정적	사수, 사실, 섬세, 성숙, 성취, 세심, 소신, 자주, 전진, 절충, 정신, 주장, 주체, 준수, 중심, 증진, 지속, 진취, 집중, 창조, 채집, 충전
	부정적	살상, 상습, 자살, 쟁점, 저주, 전쟁, 집착, 철수, 조준, 초조

(20) 치음 + 후음

조합		치음(ㅅ, ㅈ, ㅊ, ㅆ, ㅉ) + 후음(ㅇ, ㅎ)
주요성격	긍정적	사회, 상황, 선호, 자율, 정열, 정의, 정확, 조화, 종합, 주요, 지원, 진의, 집약, 집합, 찬양, 창의, 청아, 체화, 초월, 취합, 친화
	부정적	삼엄, 저항, 제한

(21) 후음 + 아음

조합		후음(ㅇ, ㅎ) + 아음(ㄱ, ㅋ, ㄲ)
주요성격	긍정적	압권, 애교, 연기, 영구, 용기, 유쾌, 의거, 인과, 한결, 한길, 함구, 해결, 향기, 호감, 호쾌, 환경, 회고
	부정적	앙금, 오기, 완강, 외골, 왜곡, 위기, 한계, 항거, 항고, 화급, 해고, 흉기

(22) 후음 + 설음

조합		후음(ㅇ, ㅎ) + 설음(ㄴ, ㄷ, ㄹ, ㅌ, ㄸ)
주요성격	긍정적	아량, 아름, 안도, 열렬, 영롱, 우람, 유능, 의리, 이론, 협동, 해탈, 행동, 현란, 호탕, 화통, 확대, 활동
	부정적	악독, 암투, 압류, 애도, 야들, 요란, 한탄, 허탈, 혼돈, 혼탁, 환란

(23) 후음 + 순음

조합		후음(ㅇ, ㅎ) + 순음(ㅁ, ㅂ, ㅍ, ㅃ)
주요성격	긍정적	야망, 연마, 열망, 오묘, 완벽, 원만, 유명, 유발, 의무, 의미, 합병, 해방, 혁명, 혁파, 현명, 호방, 희망
	부정적	압박, 애민, 야박, 엉망, 예민, 오만, 음모, 일방, 항변, 허무, 협박, 환멸

(24) 후음 + 치음

조합		후음(ㅇ, ㅎ) + 치음(ㅅ, ㅈ, ㅊ, ㅆ, ㅉ)
주요성격	긍정적	안심, 안정, 약속, 열중, 예술, 완성, 완충, 요지, 용서, 우선, 원칙, 의지, 이성, 이치, 인정, 입체, 혁신, 협조, 확신, 활성
	부정적	애착, 얌체, 억지, 엄살, 해산

(25) 후음 + 후음

조합		후음(ㅇ, ㅎ) + 후음(ㅇ, ㅎ)
주요성격	긍정적	애호, 양호, 연합, 영향, 예의, 온화, 옹호, 완화, 요약, 우아, 유연, 윤활, 융합, 은혜, 응용, 의연, 이익, 행운, 협의, 호응, 화해, 환호, 효율
	부정적	야유, 억압, 요염, 우울, 허영

성(姓)이 1자 + 순이름이 1자인 경우

❖ **자음의 조합**

구분	성(姓)	순이름
초성	a1	a2
중성	b1	b2
종성	c1	c2

우리나라에서 두 번째로 많은 비중을 차지하는 이름은 성(姓)이 1자이고 순이름이 1자인 경우이다. 이때 그 사람의 세부적인 (표면적, 내면적) 성격에 영향을 미치는 자모는 초성과 종성의 자음이다.

이 이름의 자음이 그 사람의 성격에 미치는 영향은 다양한 형태가 있다. 가장 많은 영향을 미치는 자음은 이름의 각 음절(소리마디)이다. 이를 백분율로 기술하면 ① 순이름(a2와 c2)가 약 70~50%, ② 성(a1과 c1)이 약 30~50%의 순으로 영향을 미친다.

그런데 이 이름은 성(姓)도 1자이고 순이름도 1자이므로 순이름만 부르는 경우와 성(姓)과 순이름을 함께 부르는 경우가 사람마다 다를 수 있다. 그래서 이 이름은 성(姓)과 순이름의 영향이 각 50:50의 비중이 될 수도 있다. (이 비율에 대해서는 논의의 여지가 있을 수 있다.)

그다음으로, 자음이 2개 이상 결합된 형태로도 세부적인(표면적, 내면적) 성격에 영향을 미친다.

2음절의 형태에 대해서만 백분율로 기술하면 ① a2-c2가 50%, ② a2-c1가 15%, ③ a1-a2가 15%, ④ a1-c1가 10%, ⑤ a1-c2가 5%, ⑥ c1-c2가 5%의 순으로 영향을 미친다. (이 비율에 대해서는 논의의 여지가 있을 수 있다.)

그밖에도 3음절 이상의 조합의 형태도 영향을 미친다. 여기서는 그 비중이 상대적으로 미약하므로 고려하지 않기로 한다.

❖ **자음의 형태**

자음의 형태는 앞 1.의 '성(姓)이 1자 + 순이름이 2자인 경우'와 동일하다. 따라서 이 이름의 자음의 형태도 앞 1.을 참고하면 된다.

성(姓)이 2자 + 순이름이 1자인 경우

❖ 자음의 조합

구분	성(姓)의 첫 자	성(姓)의 둘째 자	순이름
초성	a1	a2	a3
중성	b1	b2	b3
종성	c1	c2	c3

　우리나라 사람들 중에 성(姓)이 2자이고 순이름이 1자인 경우는 많지 않다. 이 이름의 경우도 그 사람의 세부적인(표면적, 내면적) 성격에 영향을 미치는 자모는 초성과 종성의 자음이다.

　이 이름의 자음이 그 사람의 성격에 미치는 영향은 다양한 형태가 있다. 가장 많은 영향을 미치는 자음은 각 음절(소리마디)이다. 이를 백분율로 기술하면 ① 순이름(a3와 c3)이 약 70%, ② 성의 첫 자(a1과 c1)가 약 20%, ③ 성의 둘째 자(a2과 c2)가 약 10%의 순으로 영향을 미친다. (이 비율에 대해서는 논의의 여지가 있을 수 있다.)

그다음으로, 자음이 2개 이상 결합된 형태로도 세부적인(표면적, 내면적) 성격에 영향을 미친다.

이것을 2음절의 형태로만 순서를 기술하면 ① a1-a3, ② a1-a2, ③ a3-c3, ④ a3-c2, ⑤ a3-c1, ⑥ a1-c1, ⑦ a1-c2, ⑧ a1-c3, ⑨ a2-a3, ⑩ a2-c2, ⑪ a2-c3, ⑫ a2-c1, ⑬ c1-c2, ⑭ c1-c3, ⑮ c2-c3의 순으로 영향을 미친다. 이들의 비중을 따지기에는 너무 복잡하여 순서만 고려하기로 한다.

그밖에도 3음절 이상의 조합의 형태도 영향을 미친다. 이 역시 비중을 따지기에는 너무 복잡하고, 상대적으로 미약하므로 고려하지 않기로 한다.

❖ **자음의 형태**

자음의 형태는 앞 1.의 '성(姓)이 1자 + 순이름이 2자인 경우'와 동일하다. 따라서 이 이름의 자음의 형태도 앞 1.을 참고하면 된다.

성(姓)이 2자 + 순이름이 2자인 경우

❖ 자음의 조합

구분	성의 첫 자	성의 둘째 자	순이름 첫 자	순이름 둘째 자
초성	a1	a2	a3	a4
중성	b1	b2	b3	b4
종성	c1	c2	c3	c4

우리나라 사람들 중에 성(姓)이 2자이고 순이름이 2자인 경우는 많지 않다. 이 이름의 경우도 그 사람의 세부적인(표면적, 내면적) 성격에 영향을 미치는 자모는 초성과 종성의 자음이다.

이 이름의 자음이 그 사람의 성격에 미치는 영향은 다양한 형태가 있다. 가장 많은 영향을 미치는 자음은 이름의 각 음절(소리마디)이다. 이를 백분율로 기술하면 ① 순이름의 첫 자(a3와 c3)가 약 40%, ② 순이름의 첫 자(a4와 c4)가 약 30%, ③ 성의 첫 자(a1과

c1)가 약 20%, ④ 성의 둘째 자(a2과 c2)가 약 10%의 순으로 영향을 미친다. (이 비율에 대해서는 논의의 여지가 있을 수 있다.)

그다음으로, 자음이 2개 이상 결합된 형태로도 세부적인(표면적, 내면적) 성격에 영향을 미친다.

이것을 2음절의 형태로만 순서를 기술하면 ① a3-a4, ② a3-c3, ③ a3-c4, ④ a3-c2, ⑤ a3-c1, ⑥ a4-c4, ⑦ a4-c3, ⑧ a4-c2, ⑨ a4-c1, ⑩ a1-a2, ⑪ a1-a3, ⑫ a1-a4, ⑬ a1-c1, ⑭ a1-c2, ⑮ a1-c3, ⑯, a1-c4, ⑰ a2-a3, ⑱ a2-a4, ⑲ a2-c2, ⑳ a2-c3, ㉑ a2-c4, ㉒ a2-c1, ㉓ c3-c4, ㉔ c1-c2, ㉕ c1-c3, ㉖ c1-c4, ㉗ c2-c3, ㉘ c2-c4의 순으로 영향을 미친다. 이들의 비중을 따지기에는 너무 복잡하여 순서만 고려하기로 한다.

그밖에도 3음절 이상의 조합의 형태도 영향을 미친다. 이 역시 그 비중을 따지기에는 너무 복잡하고, 상대적으로 미약하므로 고려하지 않기로 한다.

❖ **자음의 형태**

자음의 형태는 앞 1.의 '성(姓)'이 1자 + 순이름이 2자인 경우'와 동일하다. 따라서 이 이름의 자음의 형태도 앞 1.을 참고하면 된다.

제3장

유명인들의 이름 분석

❖ **기본적인(중심적인) 성격**

구분		영향	성격
개별	이의 'ㅣ'	30~50%	감정의 변화가 크지 않은 중성적인 성격이다.
	도의 'ㅗ'	70~50%	감정의 변화가 큰 양성적인 성격이다.
조합	'ㅣ'+'ㅗ'	100%	기발, 능동, 응용, 이론, 이상, 진보 등의 긍정적인 성격도 나타나고, 비통, 핍박, 증오, 비난, 비판, 음모 등의 부정적인 성격도 나타난다.

세종대왕의 본명은 '이도'이고, 조선조 제4대 임금으로서 성군으로 칭송받고 있는 분이다. 세종의 업적은 그 누구도 따라올 수 없는 정도로 많다.

기본적인(중심적인)성격은 이름의 모음이 결정한다.

먼저, 개별단위로 모음이 기본적인 성격에 미치는 정도를 살펴볼 수 있다. 이때, 가장 강하고 가장 많이 불리는 순이름 '도'자의 'ㅗ'가 성격에 가장 많은 영향을 미치고, 그다음으로 성(姓)의 '이'자의 'ㅣ'가 기본적인 성격에 영향을 미친다.

일반적으로는 순이름이 성격에 미치는 영향이 약 70%이고, 성(姓)이 성격에 약 30% 정도 미친다. 그런데 '이도'의 이름은 성(姓)과 순이름이 각 1자씩이므로 '이도'를 어떻게 부르느냐에 따라 50 : 50의 비율로 성격에 영향을 미칠 수도 있다.

'이'자의 'ㅣ'와 '도'자의 'ㅗ'를 구분해서 세부적으로 살펴보면, 'ㅣ'는 '모든 면에서 중립적이고 좌우로 치우치지 않는 균형을 갖춘 성격'으로 주로 나타난다.

'ㅗ'는 '밝고, 적극적이고, 나서기 좋아하고, 임기응변이 뛰어나고, 진중하지 못하고, 급하고, 가볍고, 기분에 좌우되고, 인내심이 부족하고, 속마음을 감추지 못하는 등의 성격'으로 주로 나타난다.

그다음으로, 2음절의 조합 형태로 모음이 기본적인 성격에 미치는 정도를 살펴볼 수 있다. '이도'의 모음은 'ㅣ'(중성) + 'ㅗ'(양성)의 형태로 경우의 수가 한 가지뿐이다. 조합의 형태는 우리말의 낱말을 통해 성격에 어떻게 미치는지 알 수 있다.

'ㅣ'(중성) + 'ㅗ'(양성)의 조합 형태는 우리말에 기발, 능동, 응용, 이론, 이상, 진보 등의 낱말과 같이 긍정적인 성격도 나타나고, 비통, 핍박, 증오, 비난, 비판, 음모 등의 낱말과 같이 부정적인 성격도 나타날 수 있다.

❖ 표면적인 성격

구분		영향	성격
개별	이의 'ㅇ'	30~50%	합리주의, 평화주의, 이상주의 등을 추구하는 성격이다.
	도의 'ㄷ'	70~50%	박애주의, 평화주의, 이상주의 등을 추구하는 성격이다.
조합	'ㅇ' + 'ㄷ'	100%	아량, 의리, 협동, 호탕, 활동, 다양, 대화, 통합 등의 긍정적인 성격도 나타나고, 암투, 야들, 허탈, 혼돈, 나약, 다혈, 당황 등의 부정적인 성격도 나타날 수 있다.

　　표면적인 성격은 이름의 자음 초성이 80%를, 종성이 20%를 결정한다.

　　먼저, '이도'의 개별단위로 자음이 성격에 미치는 정도를 살펴볼 수 있다. 이때, 가장 강하고 가장 많이 불리는 순이름 '도'자의 초성 'ㄷ'이 성격에 가장 많은 영향을 미치고, 그다음으로 성(姓)의 '이'자의 초성 'ㅇ'이 성격에 영향을 미친다.

　　일반적으로는 순이름이 성격에 미치는 영향이 약 70%이고, 성(姓)이 성격에 약 30% 정도 미친다. 그런데 '이도'의 이름은 성(姓)과 순이름이 각 1자씩이므로 '이도'를 어떻게 부르느냐에 따라 50 : 50의 비율로 성격에 영향을 미칠 수도 있다.

　　이를 세부적으로 살펴보면, 'ㄷ'은 '다양하고 폭넓게 관심을 가지고, 사고와 행동이 부드럽고 따듯하고 유연하며, 매사에 철저하지 못할 수 있고, 말이 앞서고, 책임감이 부족할 수 있고, 나약하고, 우유부단 할 수 있는 등 전반적으로 박애주의, 평화주의, 이상주의 등을 추구하는 성격'으로 주로 나타난다.

'ㅇ'은 '다양하고 폭넓게 관심을 가지고, 사고가 종합적, 합리적, 이성적이고, 화합과 타협을 선호하고, 행동은 원만하고 의연하고, 과감성과 결단성이 부족할 수 있는 등 전반적으로 합리주의, 평화주의, 이상주의 등을 추구하는 성격'으로 주로 나타난다.

그다음으로, '이도'의 자음의 조합 형태로 표면적인 성격에 미치는 정도를 살펴볼 수 있다. '이도'의 자음은 'ㅇ' + 'ㄷ'의 형태로 경우의 수가 한 가지뿐이다. 조합의 형태는 우리말의 낱말을 통해 성격에 어떻게 미치는지 알 수 있다.

'ㅇ' + 'ㄷ'의 형태는 우리말에 아량, 의리, 협동, 호탕, 활동, 다양, 대화, 통합 등의 낱말과 같이 긍정적인 성격도 나타나고, 암투, 야들, 허탈, 혼돈, 나약, 다혈, 당황 등의 낱말과 같이 부정적인 성격도 나타날 수 있다.

❖ **내면적인 성격**

내면적인 성격은 이름의 자음 초성이 20%를, 종성이 80%를 결정한다.

'이도'의 이름은 모두 종성이 없는 글자이므로 초성의 'ㄷ'과 'ㅇ'에서 약 20% 정도의 영향을 받는다. 따라서 '이도'의 내면적인 성격은 복잡하지 않는 단순한 성격이라고 할 수 있다.

❖ 종합

'이도'의 성격을 종합해보면, 기본적인(중심적인) 성격은 'ㅗ'의 성격과 'ㅣ'의 성격이 복합적으로 나타나나 'ㅗ'의 성격이 조금 더 많이 나타난다.

이러한 기본적인(중심적인) 성격을 근간으로 하면서, 표면적인 성격은 'ㄷ'의 성격과 'ㅇ'의 성격이 복합적으로 나타나나 'ㄷ'의 성격이 조금 더 많이 나타난다.

그리고 내면적인 성격은 표면적인 성격과 유사하나 대체로 단순한 편이라고 할 수 있다.

'이도'는 자음이 'ㄷ'과 'ㅇ'만으로 구성되어 있어, 표면적인 성격과 내면적인 성격이 아주 인간적이며 부드럽고 유연한 성격이라고 할 수 있다.

이처럼 이름에 따른 '이도'의 성격은 십여 가지 이상의 다양한 형태로 나타날 수 있다.

세종은 이런 부드럽고 유연한 성격을 가졌기에 국가운영의 모든 정책이나 중요사안을 결정하고 시행함에 있어 자신이 비록 군주라고 하더라도, 자신의 의견이나 주장을 강하게 밀어붙이는 식으로 운영하지 않았다고 볼 수 있다. 그는 언제나 자신의 주변 사람들이나 대신들과 토론이나 의견조율을 통해 최적의 합리적인 정책과 사안을 도출하여 시행하였을 것으로 보인다. 군주가 이런 식으로 모든 것을 판단하고 처결하였기 때문에 나라는 태평성대를 이루었고, 백성들은 평안하였을 것이다.

이러한 세종의 성격은 자칫 자유분방하고 호탕하며 평화주의, 박애주의, 이상주의만을 좇는 그저 그렇고 그런 인심 좋고 착한 사람으로 살아갈 수도 있었다. 그러나 세종은 어릴 때부터 엄격한 궁궐의 법도와 통제된 생활을 잘 적응하고 소화하였기 때문에 이름에 나타난 성격의 장점을 마음껏 펼쳐 한글 창제는 물론 역사, 지리, 정치, 경제, 천문, 도덕, 예의, 운학, 문학, 종교, 군사, 농사, 의약, 음악 등에 많은 분야에 탁월한 업적을 남긴 위대한 성군이 되었다고 할 수 있다.

다른 측면에서 살펴보자면, 세종은 순이름 '도' 이외에, 자가 '원정'이고, '충녕대군'으로 진봉되었다. 그래서 세종은 몇 개의 이름을 사용하였을 것이므로 모음의 음의 영향과 자음의 치음의 영향도 많이 받았을 것으로 짐작된다.

2. 추사 김정희 [1786~1856]

❖ 기본적인(중심적인) 성격

구분		영향	성격
개별	김의 'ㅣ'	30%	감정의 변화가 크지 않은 중성적인 성격이다.
	정의 'ㅓ'	40%	감정의 변화가 큰 음성적인 성격이다.
	희의 'ㅢ'	30%	감정의 변화가 크지 않은 중성적인 성격이다.
조합	'ㅓ'+'ㅢ'	60%	결의, 성실, 정리, 정밀, 준비, 주의, 정의 등의 긍정적인 성격도 나타나고, 경시, 굴림, 멸시, 번민, 불신 등의 부정적인 성격도 나타날 수 있다.
	'ㅣ'+'ㅓ'	25%	근면, 비축, 신중, 진정, 집중, 의연, 이성 등의 긍정적인 성격도 나타나고, 능멸, 미련, 미정, 비정, 빈정, 빈축 등의 부정적인 성격도 나타날 수 있다.
	'ㅣ'+'ㅢ'	15%	긍지, 신의, 실리, 진실, 의리, 의지, 이치 등의 긍정적인 성격도 나타나고, 근심, 비급, 은밀, 의심 등의 부정적인 성격도 나타날 수 있다.

「김정희」는 추사체라고 불리는 최고의 글씨를 남겼고, 세한도로 대표되는 그림과 시와 산문에 이르기까지 학자와 예술가로서 최고의 경지에 이른 19세기 대표적인 인물이다. 또한 금석학 연구에서도 타의 추종을 불허하는 업적을 남겼고, 전각(篆刻) 또한 최고의 기술을 가진 천재적인 예술가이다.

먼저 '김정희'의 이름에서 개별단위로 모음이 기본적인 성격에 미치는 정도를 살펴볼 수 있다.

이때 가장 강하고 가장 많이 불리는 순이름의 첫 자인 '정'자의 'ㅓ'가 성격에 가장 많은 약 40% 이상의 영향을 미치고, 그다음이 순이름의 둘째 자인 '희'자의 'ㅢ'가 약 30% 이상의 영향을 미치고, 그다음이 성(姓)의 '김'자의 'ㅣ'가 약 30% 미만의 영향을 미친다.

이를 세부적으로 살펴보면, 'ㅣ'와 'ㅢ'는 '모든 면에서 중립적이고 좌우나 상하로 치우치지 않는 균형을 갖춘 성격'으로 주로 나타난다.

'ㅓ'는 '어둡고, 신중하고, 참을성이 강하고, 과묵하고, 책임감이 강하고, 기분에 덜 좌우되고, 경제운용이 철저하고, 속마음을 잘 드러내지 않고, 변화나 도전을 좋아하지 않는 등의 성격'으로 주로 나타난다.

그다음으로, 2음절의 조합 형태로 모음이 기본적인 성격에 미치는 정도를 살펴볼 수 있다. '김정희'의 모음은 ① 'ㅓ'(음성) + 'ㅢ'(중성), ② 'ㅣ'(중성) + 'ㅓ'(음성), ③ 'ㅣ'(중성) + 'ㅢ'(중성)로 경우의 수가 3가지이다. 이들 조합이 성격에 미치는 영향은 'ㅓ'(음성) + 'ㅚ'(중성)의 조합이 약 60%, 'ㅣ'(중성) + 'ㅓ'(음성)의 조합이 약 25%, 'ㅣ'(중성) + 'ㅚ'(중성)의 조합이 약 15% 정도이다. 조합의 형태는 우리말의 낱말을 통해 성격에 어떻게 미치는지 알 수 있다.

'ㅓ'(음성) + 'ㅚ'(중성)의 조합 형태는 우리말에 결의, 성실, 정리, 정밀, 준비, 주의, 정의 등의 낱말과 같이 긍정적인 성격도 나타나고, 경시, 굴림, 멸시, 번민, 불신 등의 낱말과 같이 부정적인 성격도 나타날 수 있다.

이와 마찬가지로, 다른 조합의 형태도 우리말의 낱말과 같은 긍정적인 성격이 나타나기도 하고, 부정적인 성격이 나타나기도 한다.

❖ **표면적인 성격**

구분		영향	성격
개별	'김'의 'ㄱ'	약24% =30%x0.8	자기중심주의, 원칙주의, 현실주의 등을 추구하는 성격이다.
	'정'의 'ㅈ'	약32% =40%x0.8	자기중심주의, 현실주의 등을 추구하는 성격이다.
	'희'의 'ㅎ'	약24% =30%x0.8	합리주의, 평화주의, 이상주의 등을 추구하는 성격이다.
	'김'의 'ㅁ'	약6% =30%x0.2	자기중심주의, 완벽주의, 현실주의 등을 추구하는 성격이다.

개별	'정'의 'ㅇ'	약8% =40%x0.2	합리주의, 평화주의, 이상주의 등을 추구하는 성격이다.
	'희'의 종성없음	약6% =30%x0.2	복잡하지 않은 단순한 성격이다.
조합	'ㅈ'+'ㅎ' 'ㅈ'+'ㅇ'	100% (세부적으로 구분하기에는 너무 복잡함)	자율, 정열, 정의, 조화, 종합, 창의, 취합 등의 긍정적인 성격도 나타나고, 삼엄, 저항, 제한 등의 부정적인 성격도 나타날 수 있다.
	'ㅈ'+'ㅁ'		선명, 세밀, 정밀, 준비, 총명, 충만, 치밀 등의 긍정적인 성격도 나타나고, 살벌, 처벌, 지배, 체면 등의 부정적인 성격도 나타날 수 있다.
	'ㄱ'+'ㅈ'		각성, 개척, 겸손, 공손, 규칙, 기준 등의 긍정적인 성격도 나타나고, 감정, 거짓, 격정, 계산, 고집, 긴장 등의 부정적인 성격도 나타날 수 있다.
	'ㄱ'+'ㅎ' 'ㄱ'+'ㅇ'		각오, 결의, 결합, 겸허, 계획, 균형 등의 긍정적인 성격도 나타나고, 강요, 격앙, 교활, 권위, 균열, 기회 등의 부정적인 성격도 나타날 수 있다.
	'ㄱ'+'ㅁ'		간파, 공평, 구별, 규범, 기발, 기본 등의 긍정적인 성격도 나타나고, 강박, 거만, 결벽, 광분, 괴팍, 교만, 궤변 등의 부정적인 성격도 나타날 수 있다.

조합	'ㅎ'+'ㅇ'	100% (세부적으로 구분하기에는 너무 복잡함)	온화, 우아, 유연, 융합, 의연, 화해, 등의 긍정적인 성격도 나타나고, 야유, 억압, 요염, 우울, 허영 등의 부정적인 성격도 나타날 수 있다.
	'ㅎ'+'ㅁ'		연마, 완벽, 원만, 혁파, 현명, 희망 등의 긍정적인 성격도 나타나고, 압박, 야박, 예민, 오만, 음모, 협박 등의 부정적인 성격도 나타날 수 있다.
	'ㅁ'+'ㅇ'		명확, 몰입, 묘안, 방안, 평화, 품위 등의 긍정적인 성격도 나타나고, 만행, 분열, 불행, 편협 등의 부정적인 성격도 나타날 수 있다.

표면적인 성격은 이름의 자음 초성이 80%를, 종성이 20%를 결정한다.

먼저, '김정희'의 개별단위로 자음이 성격에 미치는 정도를 살펴볼 수 있다.

이때, 가장 강하고 가장 많이 불리는 순이름의 첫 자 '정'자의 초성 'ㅈ'이 성격에 가장 많은 영향을 미치고, 그다음이 순이름의 둘째 자 '희'자의 초성 'ㅎ'이고, 그다음이 성(姓)의 '김'자의 초성 'ㄱ'이고, 그다음이 순이름의 첫 자 '정'자의 종성 'ㅇ'이고, 마지막으로 순이름의 둘째 자 '희'자의 종성 없음으로 인한 단순함과 성(姓)의 '김'자의 종성 'ㅁ'이 성격에 영향을 미친다.

이를 세부적으로 살펴보면, 'ㅈ'은 '사고가 경직되고, 소신과 주장이 강하고, 관심사항은 철저히 하고, 집착이 강하고, 행동은 거칠거나 강하고, 타인을 별로 의식하지 않는 등 대체로 자기중심주의, 현실주의 등을 추구하는 성격'으로 주로 나타난다.

'ㅇ'과 'ㅎ'은 '다양하고 폭넓게 관심을 가지고, 사고가 종합적, 합리적, 이성적이고, 화합과 타협을 선호하고, 행동은 원만하고 의연하고, 과감성과 결단성이 부족할 수 있는 등 전반적으로 합리주의, 평화주의, 이상주의 등을 추구하는 성격'으로 주로 나타난다.

'ㄱ'은 '다양한 분야에 관심이 많고, 생각이 많고, 집착이 강하고, 타인을 의식하는 경향이 강하고, 긴장하거나 걱정이 많고, 계산적이고, 감정적이거나 감성적인 등 대체로 자기중심주의, 원칙주의, 현실주의 등의 성격'으로 주로 나타난다.

'ㅁ'은 '자신의 관심분야에 대해서는 분명하고 완벽히 하고, 언행일치하고, 자신의 만족에 우선하고, 감정적이기 보다 분석적으로 접근하는 등 대체로 자기중심주의, 완벽주의, 현실주의 등을 추구하는 성격'으로 주로 나타난다.

그다음으로, '김정희'의 자음의 조합 형태로 표면적인 성격에 미치는 정도를 살펴볼 수 있다.

'김정희'의 자음은 ① 'ㅈ' + 'ㅎ', ② 'ㅈ' + 'ㅇ', ③ 'ㅈ' + 'ㅁ', ④ 'ㄱ' + 'ㅈ', ⑤ 'ㄱ' + 'ㅎ', ⑥ 'ㄱ' + 'ㅁ', ⑦ 'ㄱ' + 'ㅇ', ⑧ 'ㅎ' + 'ㅇ', ⑨ 'ㅎ' + 'ㅁ', ⑩ 'ㅁ' + 'ㅇ'의 형태로 경우의 수가 10가지이다. 조합의 형태

는 우리말의 낱말을 통해 성격에 어떻게 미치는지 알 수 있다.

'ㅈ' + 'ㅎ'과 'ㅈ' + 'ㅇ'의 형태는 우리말에 자율, 정열, 정의, 조화, 종합, 창의, 취합 등의 낱말과 같이 긍정적인 성격도 나타나고, 삼엄, 저항, 제한 등의 낱말과 같이 부정적인 성격도 나타날 수 있다.

이와 마찬가지로, 다른 조합의 형태도 우리말의 낱말과 같은 긍정적인 성격이 나타나기도 하고, 부정적인 성격이 나타나기도 한다.

❖ **내면적인 성격**

구분		영향	성격
개별	'김'의 'ㅁ'	약24% =30%x0.8	자기중심주의, 완벽주의, 현실주의 등을 추구하는 성격이다.
	'정'의 'ㅇ'	약32% =40%x0.8	합리주의, 평화주의, 이상주의 등을 추구하는 성격이다.
	'김'의 'ㄱ'	약6% =30%x0.2	자기중심주의, 원칙주의, 현실주의 등을 추구하는 성격이다.
	'정'의 'ㅈ'	약8% =40%x0.2	자기중심주의, 현실주의 등을 추구하는 성격이다.
	'희'의 'ㅎ'	약6% =30%x0.2	합리주의, 평화주의, 이상주의 등을 추구하는 성격이다.
	'희'의 종성없음	약24% =30%x0.8	복잡하지 않은 단순한 성격이다.

조합	'ㅇ'+'ㅈ'	100% (세부적으로 구분하기에는 너무 복잡함)	안정, 열중, 완성, 의지, 이성, 협조 등의 긍정적인 성격도 나타나고, 애착, 억지, 엄살 등의 부정적인 성격도 나타날 수 있다.
	'ㅇ'+'ㅎ'		온화, 우아, 유연, 융합, 의연, 화해, 등의 긍정적인 성격도 나타나고, 야유, 억압, 요염, 우울, 허영 등의 부정적인 성격도 나타날 수 있다.
	'ㅇ'+'ㄱ'		애교, 연구, 용기, 한결, 해결, 호쾌 등의 긍정적인 성격도 나타나고, 앙금, 완강, 외곡, 외골, 항거 등의 부정적인 성격도 나타날 수 있다.
	'ㅁ'+'ㅇ' 'ㅁ'+'ㅎ'		명확, 몰입, 묘안, 방안, 평화, 품위 등의 긍정적인 성격도 나타나고, 만행, 분열, 불행, 편협 등의 부정적인 성격도 나타날 수 있다.
	'ㅁ'+'ㄱ'		마감, 묘기, 무궁, 패기, 평가, 평균 등의 긍정적인 성격도 나타나고, 민감, 발광, 방관, 배격, 분개, 포기 등의 부정적인 성격도 나타날 수 있다.

조합	'ㅁ'+'ㅈ'	100% (세부적으로 구분하기에는 너무 복잡함)	명석, 무장, 법칙, 분석, 비축, 평정 등의 긍정적인 성격도 나타나고, 마찰, 만성, 멸시, 모진, 몰살, 복종 등의 부정적인 성격도 나타날 수 있다.
	'ㅈ'+'ㅎ'		자율, 정열, 정의, 조화, 종합, 창의, 취합 등의 긍정적인 성격도 나타나고, 삼엄, 저항, 제한 등의 부정적인 성격도 나타날 수 있다.
	'ㄱ'+'ㅈ'		각성, 개척, 겸손, 공손, 규칙, 기준 등의 긍정적인 성격도 나타나고, 감정, 거짓, 격정, 계산, 고집, 긴장 등의 부정적인 성격도 나타날 수 있다.
	'ㄱ'+'ㅎ'		각오, 결의, 결합, 겸허, 계획, 균형 등의 긍정적인 성격도 나타나고, 강요, 격앙, 교활, 권위, 균열, 기회 등의 부정적인 성격도 나타날 수 있다.

내면적인 성격은 이름의 자음 종성이 80%를, 초성이 20%를 결정한다.

먼저, '김정희'의 개별단위로 자음이 성격에 미치는 정도를 살펴볼 수 있다.

이때, 가장 강하고 가장 많이 불리는 순이름의 첫 자 '정'자의 종성 'ㅇ'이 성격에 가장 많은 영향을 미치고, 그다음이 순이름의 둘째 자 '희'자의 종성 없음으로 인한 단순함이고, 그다음이 성(姓)의 '김'자의 종성 'ㅁ'이고, 그다음이 순이름의 첫 자 '정'자의 초성 'ㅈ'이고, 마지막으로 성(姓)의 '김'자의 초성 'ㄱ'이 성격에 영향을 미친다.

이에 대한 세부적인 성격은 표면적인 성격의 내용과 같다.

그다음으로, '김정희'의 자음의 조합 형태로 내면적인 성격에 미치는 정도를 살펴볼 수 있다.

'김정희'의 자음은 ① 'ㅇ' + 'ㅈ', ② 'ㅇ' + 'ㅎ', ③ 'ㅇ' + 'ㄱ', ④ 'ㅁ' + 'ㅇ', ⑤ 'ㅁ' + 'ㄱ', ⑥ 'ㅁ' + 'ㅈ', ⑦ 'ㅁ' + 'ㅎ', ⑧ 'ㅈ' + 'ㅎ', ⑨ 'ㄱ' + 'ㅈ', ⑩ 'ㄱ' + 'ㅎ'의 형태로 경우의 수가 10가지이다.

이에 대한 세부적인 성격은 'ㅇ' + 'ㅈ', 'ㅇ' + 'ㄱ', 'ㅁ' + 'ㄱ', 'ㅁ' + 'ㅈ'을 제외하고는 표면적인 성격의 내용과 같다.

조합의 형태는 우리말의 낱말을 통해 성격에 어떻게 미치는지 알 수 있고, 우리말의 낱말과 같은 긍정적인 성격이 나타나기도 하고, 부정적인 성격이 나타나기도 한다.

❖ 종합

'김정희'의 성격을 종합해보면, 기본적인(중심적인) 성격은 'ㅓ'(음성)의 성격과 'ㅢ'와 'ㅣ'(중성)의 성격이 복합적으로 나타나나, 좌우나 상하로 치우침이 적은 중성의 성격이 조금 더 많이 나타난다.

'김정희'는 이런 기본적인(중심적인) 성격을 근간으로, 표면적인 성격은 'ㅈ', 'ㅎ', 'ㄱ', 'ㅇ', 'ㅁ'의 성격이 복합적으로 나타나나, 'ㅈ', 'ㄱ', 'ㅁ'의 강한 성격이 약 62%로 더 많이 나타난다.

그리고 내면적인 성격은 표면적인 성격과 달리 'ㅇ', 'ㅎ'의 유연한 성격과 'ㅈ', 'ㄱ', 'ㅁ'의 강한 성격이 약 38%씩으로 유연함과 강함이 비슷하게 나타난다.

'김정희'는 자음 'ㅈ', 'ㅎ', 'ㄱ', 'ㅇ', 'ㅁ' 5개 중에 'ㅇ', 'ㅎ'이 2개로 약 40%이므로 부드럽고 유연한 인간미가 있는 성격이라고 할 수 있다.

이처럼 이름에 따른 '김정희'의 성격은 수십 가지의 다양한 형태로 나타날 수 있다.

이런 '김정희'의 성격은 자신이 추구하고자 하는 목표를 향해 신중함과 인내심에다 강한 집념과 유연함이 더해져 그 목표를 향해 나아간 결과, 자신만의 독창적인 추사체를 완성하였다고 할 수 있다. 그 밖에도 추사는 세한도, 금석학, 전각 등에 이르기까지 학자와 예술가로서 높은 경지에 이르렀다고 볼 수 있다.

대체로, 이름의 초성에 치음(ㅅ, ㅈ, ㅊ)과 후음(ㅇ, ㅎ)이 합쳐지면, 필체나 서체가 힘이 넘치면서 유연하고 아름다울 수 있는 특징이 있다.

또한, 사람의 음성에서도 청아하고, 맑고, 아름답고, 곱고, 격조 높은 소리를 내는 특징이 있다.

가수 중에 대표적으로 '윤형주', '김세환', '이선희', '정현철(서태지)', '박정현' 등 수많은 가수들이 있으며, 가수들의 90% 정도가 이름에 치음(ㅅ, ㅈ, ㅊ) + 후음(ㅇ, ㅎ)의 조합이 들어 있다.

❖ 기본적인(중심적인) 성격

구분		영향	성격
개별	'안'의 'ㅏ'	30%	감정의 변화가 큰 양성적인 성격이다.
	'중'의 'ㅜ'	40%	감정의 변화가 큰 음성적인 성격이다.
	'근'의 'ㅡ'	30%	감정의 변화가 크지 않은 중성적인 성격이다.
조합	'ㅜ'+'ㅡ'	60%	결의, 성실, 정리, 정밀, 준비, 주의, 정의 등의 긍정적인 성격도 나타나고, 경시, 굴림, 멸시, 번민, 불신 등의 부정적인 성격도 나타날 수 있다.
	'ㅏ'+'ㅜ'	25%	도전, 모험, 맹렬, 항거, 관철, 안정, 호전 등의 긍정적인 성격도 나타나고, 공격, 과격, 광분, 다툼, 다혈, 살벌 등의 부정적인 성격도 나타날 수 있다.
	'ㅏ'+'ㅡ'	15%	논의, 다짐, 동기, 몰입, 생기, 창의, 용기 등의 긍정적인 성격도 나타나고, 가식, 갈등, 고의, 과시, 광기, 반기 등의 부정적인 성격도 나타날 수 있다.

'안중근'은 조선 말기의 교육가이고, 의병장이고, 의사(義士)이시다. 그는 1909년 의병참모중장의 자격으로 하얼빈 역에서 침략의 원흉 이토 히로부미를 저격 사살한 후, 1910년 여순감옥 형장에서 순국하셨던 분이다. 그가 어릴 때는 '안응칠'로 불리기도 하였다.

먼저, '안중근'의 이름에서 개별단위로 모음이 기본적인 성격에 미치는 정도를 살펴볼 수 있다.

이때 가장 강하고 가장 많이 불리는 순이름의 첫 자인 '중'자의 'ㅜ'가 성격에 가장 많은 약 40% 이상의 영향을 미치고, 그다음이 순이름의 둘째 자인 '근'자의 'ㅡ'가 약 30% 이상의 영향을 미치고, 그다음이 성(姓)의 '안'자의 'ㅏ'가 약 30% 미만의 영향을 미친다.

이를 세부적으로 살펴보면, 'ㅜ'는 '어둡고, 신중하고, 참을성이 강하고, 과묵하고, 책임감이 강하고, 기분에 덜 좌우되고, 경제 운용이 철저하고, 속마음을 잘 드러내지 않고, 변화나 도전을 좋아하지 않는 등의 성격'으로 주로 나타난다.

'ㅡ'는 '모든 면에서 중립적이고 상하로 치우치지 않는 균형을 갖춘 성격'으로 주로 나타난다.

'ㅏ'는 '밝고, 즉흥적이고, 변화나 도전을 좋아하고, 임기응변이 강하고, 급하고, 가볍고, 기분에 좌우되고, 속마음을 감추지 못하고, 참을성이 약하고, 경제운용이 철저하지 못하는 등의 성격'으로 주로 나타난다.

그다음으로, 2음절의 조합 형태로 모음이 기본적인 성격에 미치는 정도를 살펴볼 수 있다.

'안중근'의 모음은 ① 'ㅜ'(음성) + 'ㅡ'(중성), ② 'ㅏ'(양성) + 'ㅜ'(음성), ③ 'ㅏ'(양성) + 'ㅡ'(중성)으로 경우의 수가 3가지이다. 이들 조합이 성격에 미치는 영향은 'ㅜ'(음성) + 'ㅡ'(중성)의 조합이 약 60%, 'ㅏ'(양성) + 'ㅜ'(음성)의 조합이 약 25%, 'ㅏ'(양성) + 'ㅡ'(중성)의 조합이 약 15% 정도이다. 조합의 형태는 우리말의 낱말을 통해 성격에 어떻게 미치는지 알 수 있다.

'ㅓ'(음성) + 'ㅡ'(중성)의 조합 형태는 우리말에 결의, 성실, 정리, 정밀, 준비, 주의, 정의 등의 낱말과 같이 긍정적인 성격도 나타나고, 경시, 굴림, 멸시, 번민, 불신 등의 낱말과 같이 부정적인 성격도 나타날 수 있다.

이와 마찬가지로, 다른 조합의 형태도 우리말의 낱말과 같은 긍정적인 성격이 나타나기도 하고, 부정적인 성격이 나타나기도 한다.

❖ **표면적인 성격**

구분		영향	성격
개별	'안'의 'ㅇ'	약24% =30%x0.8	합리주의, 평화주의, 이상주의 등을 추구하는 성격이다.
	'중'의 'ㅈ'	약32% =40%x0.8	자기중심주의, 현실주의 등을 추구하는 성격이다.
개별	'근'의 'ㄱ'	약24% =30%x0.8	자기중심주의, 원칙주의, 현실주의 등을 추구하는 성격이다.
	'안'의 'ㄴ'	약6% =30%x0.2	박애주의, 평화주의, 이상주의 등을 추구하는 성격이다.
	'중'의 'ㅇ'	약8% =40%x0.2	합리주의, 평화주의, 이상주의 등을 추구하는 성격이다.
	'근'의 'ㄴ'	약6% =30%x0.2	박애주의, 평화주의, 이상주의 등을 추구하는 성격이다.
조합	'ㅈ'+'ㄱ'	100% (세부적으로 구분하기에는 너무 복잡함)	생기, 자격, 전개, 정기, 주관, 진격, 최고 등의 긍정적인 성격도 나타나고, 자극, 저격, 절교, 절규, 착각 등의 부정적인 성격도 나타날 수 있다.
	'ㅈ'+'ㅇ'		자율, 정열, 정의, 조화, 종합, 창의, 취합 등의 긍정적인 성격도 나타나고, 삼엄, 저항, 제한 등의 부정적인 성격도 나타날 수 있다.

조합	'ㅈ'+'ㄴ'	100% (세부적으로 구분하기에는 너무 복잡함)	사리, 선량, 정리, 주동, 중립, 지략, 추론 등의 긍정적인 성격도 나타나고, 선동, 전투, 착란, 충돌 등의 부정적인 성격도 나타날 수 있다.
	'ㅇ'+'ㅈ'		안정, 열중, 완성, 의지, 이성, 협조 등의 긍정적인 성격도 나타나고, 애착, 억지, 엄살 등의 부정적인 성격도 나타날 수 있다.
	'ㅇ'+'ㄱ'		애교, 연구, 용기, 한결, 해결, 호쾌 등의 긍정적인 성격도 나타나고, 앙금, 완강, 외곡, 외골, 항거 등의 부정적인 성격도 나타날 수 있다.
	'ㅇ'+'ㄴ'		아량, 의리, 협동, 호탕, 활동, 다양, 대화, 통합 등의 긍정적인 성격도 나타나고, 암투, 야들, 허탈, 혼돈, 나약, 다혈, 당황 등의 부정적인 성격도 나타날 수 있다.
	'ㅇ'+'ㅇ'		온화, 우아, 유연, 융합, 의연, 화해, 등의 긍정적인 성격도 나타나고, 야유, 억압, 요염, 우울, 허영 등의 부정적인 성격도 나타날 수 있다.
	'ㄱ'+'ㄴ'		가능, 간단, 강력, 거대, 결단, 공론, 관리, 기대 등의 긍정적인 성격도 나타나고, 강탈, 격렬, 광란, 교란, 굴림, 극단, 쾌락 등의 부정적인 성격도 나타날 수 있다.

조합	'ㅇ'+'ㅇ'	100% (세부적으로 구분하기에는 너무 복잡함)	온화, 우아, 유연, 융합, 의연, 화해, 등의 긍정적인 성격도 나타나고, 야유, 억압, 요염, 우울, 허영 등의 부정적인 성격도 나타날 수 있다.
	'ㄱ'+'ㄴ'		가능, 간단, 강력, 거대, 결단, 공론, 관리, 기대 등의 긍정적인 성격도 나타나고, 강탈, 격렬, 광란, 교란, 굴림, 극단, 쾌락 등의 부정적인 성격도 나타날 수 있다.
	'ㄱ'+'ㅇ'		각오, 결의, 결합, 겸허, 계획, 균형 등의 긍정적인 성격도 나타나고, 강요, 격앙, 교활, 권위, 균열, 기회 등의 부정적인 성격도 나타날 수 있다.
	'ㄴ'+'ㅇ'		다양, 단합, 대응, 대화, 동의, 동화, 통합 등의 긍정적인 성격도 나타나고, 나약, 다혈, 당황, 투항 등의 부정적인 성격도 나타날 수 있다.
	'ㄴ'+'ㄴ'		나눔, 논리, 능동, 능률, 단련, 도덕, 독립, 토론 등의 긍정적인 성격도 나타나고, 나태, 낙담, 난동, 논란, 느림, 독단, 타락 등의 부정적인 성격도 나타날 수 있다.

표면적인 성격은 이름의 자음 초성이 80%를, 종성이 20%를 결정한다.

먼저, '안중근'의 개별단위로 자음이 성격에 미치는 정도를 살펴볼 수 있다.

이때, 가장 강하고 가장 많이 불리는 순이름의 첫 자 '중'자의 초성 'ㅈ'이 성격에 가장 많은 영향을 미치고, 그다음이 순이름의 둘째 자 '근'자의 초성 'ㄱ'이고, 그다음이 성(姓)의 '안'자의 초성 'ㅇ'이고, 그다음이 순이름의 첫 자 '중'자의 종성 'ㅇ'이고, 그다음이 순이름의 둘째 자 '근'자의 종성 'ㄴ'이고, 마지막으로 성(姓)의 '안'자의 종성 'ㄴ'이 성격에 영향을 미친다.

이를 세부적으로 살펴보면, 'ㅈ'은 '사고가 경직되고, 소신과 주장이 강하고, 관심사항은 철저히 하고, 행동은 거칠거나 강하고, 집착이 강하고, 타인을 별로 의식하지 않는 등 대체로 자기중심주의, 현실주의 등을 추구하는 성격'으로 주로 나타난다.

'ㄱ'은 '다양한 분야에 관심이 많고, 생각이 많고, 집착이 강하고, 타인을 의식하는 경향이 강하고, 긴장하거나 걱정이 많고, 계산적이고, 감정적이거나 감성적인 등 대체로 자기중심주의, 원칙주의, 현실주의 등의 성격'으로 주로 나타난다.

'ㅇ'은 '다양하고 폭넓게 관심을 가지고, 사고가 종합적, 합리적, 이성적이고, 화합과 타협을 선호하고, 행동은 원만하고 의연하고, 과감성과 결단성이 부족할 수 있는 등 전반적으로 합리주의, 평화주의, 이상주의 등을 추구하는 성격'으로 주로 나타난다.

'ㄴ'은 '다양하고 폭넓게 관심을 가지고, 사고와 행동이 부드럽고 따듯하고 유연하며, 매사에 철저하지 못할 수 있고, 말이 앞서고, 책임감이 부족할 수 있고, 나약하고, 우유부단 할 수 있는 등 전반적으로 박애주의, 평화주의, 이상주의 등을 추구하는 성격'으로 주로 나타난다.

그다음으로, '안중근'의 자음의 조합 형태로 표면적인 성격에 미치는 정도를 살펴볼 수 있다.

'안중근'의 자음은 ① 'ㅈ' + 'ㄱ', ② 'ㅈ' + 'ㅇ', ③ 'ㅈ' + 'ㄴ'(2), ④ 'ㅇ' + 'ㅈ', ⑤ 'ㅇ' + 'ㄱ', ⑥ 'ㅇ' + 'ㄴ'(2), ⑦ 'ㅇ' + 'ㅇ', ⑧ 'ㄱ' + 'ㄴ'(2), ⑨ 'ㄱ' + 'ㅇ', ⑩ 'ㄴ' + 'ㅇ', ⑪ 'ㄴ' + 'ㄴ'의 형태로 경우의 수가 11가지이다. 조합의 형태는 우리말의 낱말을 통해 성격에 어떻게 미치는지 알 수 있다.

'ㅈ' + 'ㄱ'의 형태는 우리말에 생기, 자격, 전개, 정기, 주관, 진격, 최고 낱말과 같이 긍정적인 성격도 나타나고, 자극, 저격, 절교, 절규, 착각 등의 낱말과 같이 부정적인 성격도 나타날 수 있다.

이와 마찬가지로, 다른 조합의 형태도 우리말의 낱말과 같은 긍정적인 성격이 나타나기도 하고, 부정적인 성격이 나타나기도 한다.

❖ 내면적인 성격

구분		영향	성격
개별	'안'의 'ㄴ'	약24% =30%x0.8	박애주의, 평화주의, 이상주의 등을 추구하는 성격이다.
	'중'의 'ㅇ'	약32% =40%x0.8	합리주의, 평화주의, 이상주의 등을 추구하는 성격이다.
	'근'의 'ㄴ'	약24% =30%x0.8	박애주의, 평화주의, 이상주의 등을 추구하는 성격이다.
	'안'의 'ㅇ'	약6% =30%x0.2	합리주의, 평화주의, 이상주의 등을 추구하는 성격이다.
	'중'의 'ㅈ'	약8% =40%x0.2	자기중심주의, 현실주의 등을 추구하는 성격이다.
	'근'의 'ㄱ'	약6% =30%x0.2	자기중심주의, 원칙주의, 현실주의 등을 추구하는 성격이다.
조합	'ㅇ+ㄴ'	100% (세부적으로 구분하기에는 너무 복잡함)	아량, 의리, 협동, 호탕, 활동, 다양, 대화, 통합 등의 긍정적인 성격도 나타나고, 암투, 야들, 허탈, 혼돈, 나약, 다혈, 당황 등의 부정적인 성격도 나타날 수 있다.
	'ㅇ+ㅈ'		안정, 열중, 완성, 의지, 이성, 협조 등의 긍정적인 성격도 나타나고, 애착, 억지, 엄살 등의 부정적인 성격도 나타날 수 있다.

조합	'ㅇ'+'ㄱ'	100% (세부적으로 구분하기에는 너무 복잡함)	애교, 연구, 용기, 한결, 해결, 호쾌 등의 긍정적인 성격도 나타나고, 앙금, 완강, 외곡, 외골, 항거 등의 부정적인 성격도 나타날 수 있다.
	'ㅇ'+'ㅇ'		온화, 우아, 유연, 융합, 의연, 화해, 등의 긍정적인 성격도 나타나고, 야유, 억압, 요염, 우울, 허영 등의 부정적인 성격도 나타날 수 있다.
	'ㄴ'+'ㄴ'		나눔, 논리, 능동, 능률, 단련, 도덕, 독립, 토론 등의 긍정적인 성격도 나타나고, 나태, 낙담, 난동, 논란, 느림, 독단, 타락 등의 부정적인 성격도 나타날 수 있다.
	'ㄴ'+'ㅇ'		다양, 단합, 대응, 대화, 동의, 동화, 통합 등의 긍정적인 성격도 나타나고, 나약, 다혈, 당황, 투항 등의 부정적인 성격도 나타날 수 있다.
	'ㄴ'+'ㅈ'		냉정, 냉철, 다짐, 도전, 대중, 타진, 탐사 등의 긍정적인 성격도 나타나고, 날조, 논쟁, 도살, 독선, 독점, 돌출, 투쟁 등의 부정적인 성격도 나타날 수 있다.
	'ㄴ'+'ㄱ'		느낌, 다감, 단결, 돌격, 탐구, 통계 등의 긍정적인 성격도 나타나고, 노기, 다급, 대강, 대결, 타격, 투기 등의 부정적인 성격도 나타날 수 있다.
	'ㅈ'+'ㄱ'		생기, 자격, 전개, 정기, 주관, 진격, 최고 등의 긍정적인 성격도 나타나고, 자극, 저격, 절교, 절규, 착각 등의 부정적인 성격도 나타날 수 있다.

내면적인 성격은 이름의 자음 종성이 80%를, 초성이 20%를 결정한다.

먼저, '안중근'의 개별단위로 자음이 성격에 미치는 정도를 살펴볼 수 있다.

이때, 가장 강하고 가장 많이 불리는 순이름의 첫 자 '중'자의 종성 'ㅇ'이 성격에 가장 많은 영향을 미치고, 그다음이 순이름의 둘째 자 '근'자의 종성 'ㄴ'이고, 그다음이 성(姓)의 '안'자의 종성 'ㄴ'이고, 그다음이 순이름의 첫 자 '중'자의 초성 'ㅈ'이고, 그다음이 순이름 둘째 자 '근'자의 종성 'ㄱ'이고, 마지막으로 성(姓)의 '안'자의 초성 'ㅇ'이 성격에 영향을 미친다.

이에 대한 세부적인 성격은 표면적인 성격의 내용과 같다.

그다음으로, '안중근'의 자음의 조합 형태로 내면적인 성격에 미치는 정도를 살펴볼 수 있다.

'안중근'의 자음은 ① 'ㅇ' + 'ㄴ', ② 'ㅇ' + 'ㅈ', ③ 'ㅇ' + 'ㄱ'(2), ④ 'ㅇ' + 'ㅇ', ⑤ 'ㄴ' + 'ㄴ', ⑥ 'ㄴ' + 'ㅇ'(2), ⑦ 'ㄴ' + 'ㅈ'(2), ⑧ 'ㄴ' + 'ㄱ'(2), ⑨ 'ㅈ' + 'ㄱ'의 형태로 경우의 수가 9가지이다.

이에 대한 세부적인 성격은 'ㄴ' + 'ㅈ', 'ㄴ' + 'ㄱ'을 제외하고는 표면적인 성격의 내용과 같다.

조합의 형태는 우리말의 낱말을 통해 성격에 어떻게 미치는지 알 수 있고, 우리말의 낱말과 같은 긍정적인 성격이 나타나기도 하고, 부정적인 성격이 나타나기도 한다.

❖ 종합

의사 '안중근'의 성격을 종합해보면, 기본적인(중심적인) 성격은 'ㅜ'의 성격과 'ㅡ'의 성격과 'ㅏ'의 성격이 복합적으로 나타나며, 'ㅜ' : 'ㅡ' : 'ㅏ' = 약 40% : 약 30% : 약 30%로 나타난다. 이렇게 '안중근'의 기본적인(중심적인) 성격은 어느 한쪽으로 치우치지 않는 균형 잡힌 성격을 가지고 있다고 할 수 있다.

'안중근'은 이런 기본적인(중심적인) 성격을 근간으로, 표면적인 성격은 'ㅈ', 'ㄱ', 'ㅇ', 'ㄴ'의 성격이 복합적으로 나타나며, 'ㅈ'과 'ㄱ'의 강함이 약 56%이고, 'ㅇ'과 'ㄴ'의 유연함과 부드러움이 약 44%로 나타난다.

그리고 내면적인 성격은 표면적인 성격과 달리 'ㅇ'과 'ㄴ'의 유연함과 부드러움이 약 86%로 많이 나타난다.

'안중근'은 자음 'ㅈ', 'ㄱ', 'ㅇ', 'ㄴ' 총 6개 중에 'ㅇ'과 'ㄴ'이 4개로 약 67%의 비중을 차지하므로 유연하고, 원만하고, 부드럽고, 남을 배려하고, 친절을 베푸는 등의 인간미가 넘치는 성격을 가지고 있다고 할 수 있다.

이처럼 이름에 따른 '안중근'의 성격은 수십 가지의 다양한 형태로 나타날 수 있다.

이런 '안중근'의 성격은 자신이 추구하고자 하는 목표를 향해 신중함과 인내심에다 강한 집념과 원칙, 유연함과 부드러움 등이 더해져 그 목표를 이루어 나아갔다고 할 수 있다. '안중근'은 결코 순간적인 감정에 의해 의병을 일으키고 하얼빈 역에서 침략의 원흉 '이토 히로부미'를 저격 사살한 것이 아니라는 것을 알 수 있다.

안중근'은 냉정하고 신중한 판단으로 나라 잃은 백성으로서 마땅히 독립을 위해 의병을 일으켰다고 볼 수 있다. 또한 세계 평화와 동북아 평화를 위해서는 의병참모중장의 자격으로 침략의 원흉을 저격 사살하는 것이 마땅하다는 강한 신념이 있었기 때문에 이토 히로부미를 사살한 것으로 볼 수 있다.

4. 알프레드 노벨 [Alfred Bernhard Nobel, 1833~1896]

❖ **기본적인(중심적인) 성격**

구분		영향	성격
개별	'알'의 'ㅏ'	30%	감정의 변화가 큰 양성적인 성격이다.
	'프'의 'ㅡ'	20%	감정의 변화가 크지 않은 중성적인 성격이다.
	'레'의 'ㅔ'	10%	감정의 변화가 약간 큰 음성적인 성격이다.
	'드'의 'ㅡ'	10%	감정의 변화가 크지 않은 중성적인 성격이다.
	'노'의 'ㅗ'	20%	감정의 변화가 큰 양성적인 성격이다.
	'벨'의 'ㅔ'	10%	감정의 변화가 약간 큰 음성적인 성격이다.
조합	'ㅏ'+'ㅡ'	100% (세부적으로 구분하기에는 너무 복잡함)	논의, 다짐, 동기, 몰입, 생기, 창의, 용기 등의 긍정적인 성격도 나타나고, 가식, 갈등, 고의, 과시, 광기, 반기 등의 부정적인 성격도 나타날 수 있다.

조합	'ㅏ'+'ㅔ' 'ㅗ'+'ㅔ'	100% (세부적으로 구분하기에는 너무 복잡함)	도전, 모험, 맹렬, 항거, 관철, 안정, 호전 등의 긍정적인 성격도 나타나고, 공격, 과격, 광분, 다툼, 다혈, 살벌 등의 부정적인 성격도 나타날 수 있다.
	'ㅏ'+'ㅗ'		쾌할, 호탕, 활동, 사교, 낙관, 돌파, 확대 등의 긍정적인 성격도 나타나고, 난폭, 모략, 잔혹, 과장, 산만, 초조 등의 부정적인 성격도 나타날 수 있다.
	'ㅡ'+'ㅔ'		근면, 비축, 신중, 진정, 집중, 의연, 이성 등의 긍정적인 성격도 나타나고, 능멸, 미련, 미정, 비정, 빈정, 빈축 등의 부정적인 성격도 나타날 수 있다.
	'ㅡ'+'ㅡ'		긍지, 신의, 실리, 진실, 의리, 의지, 이치 등의 긍정적인 성격도 나타나고, 근심, 비굴, 은밀, 의심 등의 부정적인 성격도 나타날 수 있다.
	'ㅡ'+'ㅗ'		기발, 능동, 응용, 이론, 이상, 진보 등의 긍정적인 성격도 나타나고, 비통, 핍박, 증오, 비난, 비판, 음모 등의 부정적인 성격도 나타난다.
	'ㅔ'+'ㅡ'		결의, 성실, 정리, 정밀, 준비, 주의, 정의 등의 긍정적인 성격도 나타나고, 경시, 굴림, 멸시, 번민, 불신 등의 부정적인 성격도 나타날 수 있다.

조합	'궤'+'ㅗ'	100% (세부적으로 구분하기에는 너무 복잡함)	계획, 구상, 적당, 전망, 정도, 연마, 협동 등의 긍정적인 성격도 나타나고, 투항, 불만, 불안, 절망, 저돌, 허황 등의 부정적인 성격도 나타날 수 있다.
	'궤'+'궤'		겸허, 규율, 투철, 분석, 평정, 엄중, 현명 등의 긍정적인 성격도 나타나고, 권위, 투정, 불평, 우려, 허례, 허풍 등의 부정적인 성격도 나타날 수 있다.

'노벨'은 스웨덴의 화학 기술자이고, 노벨상의 창시자이다. 그는 니트로글리세린을 사용하여 광산에서 안전하게 사용할 수 있는 폭약을 연구하다 TNT(다이너마이트)를 개발하였다. 그러나 이 폭약이 전쟁에 사용되면서부터 자신의 발명품에 대해 가책을 받았다. 그는 64세에 숨을 거두면서 자신의 전 재산을 기부해 인류의 행복 증진에 공헌하는 사람에게 상을 주도록 하였다.

먼저, '알프레드 노벨'의 이름에서 개별단위로 모음이 기본적인 성격에 미치는 정도를 살펴볼 수 있다.

이때, 가장 강하고 가장 많이 불리는 순이름의 첫 자인 '알'자의 'ㅏ'가 성격에 가장 많은 약 30% 이상의 영향을 미치고, 그다음이 순이름의 둘째 자인 '프'자의 'ㅡ'와 성(姓)의 첫 자인 '노' 자의 'ㅗ'가 각 약 20%의 영향을 미치고, 그다음이 순이름 셋째 자인

'레'자의 'ㅔ'와 순이름 넷째 자인 '드'자의 'ㅡ'와 성(姓)의 둘째 자인 '벨'자의 'ㅔ'가 각 약 10%정도씩 영향을 미친다.

이를 세부적으로 살펴보면, 'ㅏ'와 'ㅗ'는 '밝고, 즉흥적이고, 변화나 도전을 좋아하고, 임기응변이 강하고, 급하고, 가볍고, 기분에 좌우되고, 속마음을 감추지 못하고, 참을성이 약하고, 경제운용이 철저하지 못하는 등의 성격'으로 주로 나타난다.

'ㅔ'는 '어둡고, 신중하고, 참을성이 강하고, 과묵하고, 책임감이 강하고, 기분에 덜 좌우되고, 경제운용이 철저하고, 속마음을 잘 드러내지 않고, 변화나 도전을 좋아하지 않는 등의 성격'으로 주로 나타난다.

'ㅡ'는 '모든 면에서 중립적이고 상하로 치우치지 않는 균형을 갖춘 성격'으로 주로 나타난다.

그다음으로, 2음절의 조합 형태로 모음이 기본적인 성격에 미치는 정도를 살펴볼 수 있다.

'알프레드 노벨'의 모음은 ① 'ㅏ'(양성) + 'ㅡ'(중성)(2), ② 'ㅏ'(양성) + 'ㅔ'(음성)(2), ③ 'ㅏ'(양성) + 'ㅗ'(양성), ④ 'ㅡ'(중성) + 'ㅔ'(음성)(2), ⑤ 'ㅡ'(중성) + 'ㅡ'(중성), ⑥ 'ㅡ'(중성) + 'ㅗ'(양성), ⑦ 'ㅔ'(음성) + 'ㅡ'(중성), ⑧ 'ㅔ'(음성) + 'ㅗ'(양성), ⑨'ㅔ'(음성) + 'ㅔ'(음성), ⑩ 'ㅗ'(양성) + 'ㅔ'(음성)로 경우의 수가 10가지이다.

이들 조합이 성격에 미치는 영향의 정도를 따지기에는 너무 복잡하여 거론하지 않고, 해당 조합이 어떤 영향을 미치는지 살펴보기로 한다.

'ㅏ'(양성) + 'ㅡ'(중성)의 조합 형태는 우리말에 논의, 다짐, 동기, 몰입, 생기, 창의, 용기 등의 낱말과 같이 긍정적인 성격도 나타나고, 가식, 갈등, 고의, 과시, 광기, 반기 등의 낱말과 같이 부정적인 성격도 나타날 수 있다.

이와 마찬가지로, 다른 조합의 형태도 우리말의 낱말과 같은 긍정적인 성격이 나타나기도 하고, 부정적인 성격이 나타나기도 한다.

❖ **표면적인 성격**

구분		영향	성격
개별	'ㅏ'의 'ㅇ'	약24% =30%x0.8	합리주의, 평화주의, 이상주의 등을 추구하는 성격이다.
	'ㅍ'의 'ㅍ'	약16% =20%x0.8	자기중심주의, 완벽주의, 현실주의 등을 추구하는 성격이다.
	'레'의 'ㄹ'	약8% =10%x0.8	박애주의, 평화주의, 이상주의 등을 추구하는 성격이다.
	'드'의 'ㄷ'	약8% =10%x0.8	박애주의, 평화주의, 이상주의 등을 추구하는 성격이다.

개별	'노'의 'ㄴ'	약16% =20%x0.8	합리주의, 평화주의, 이상주의 등을 추구하는 성격이다.
	'벨'의 'ㅂ'	약8% =10%x0.8	자기중심주의, 완벽주의, 현실 주의 등을 추구하는 성격이다.
	'알'의 'ㄹ'	약6% =30%x0.2	박애주의, 평화주의, 이상주의 등을 추구하는 성격이다.
	'프'의 종성없음	약4% =20%x0.2	복잡하지 않은 단순한 성격이다.
	'레'의 종성없음	약2% =10%x0.2	복잡하지 않은 단순한 성격이다.
	'드'의 종성없음	약2% =10%x0.2	복잡하지 않은 단순한 성격이다.
	'노'의 종성없음	약4% =20%x0.2	복잡하지 않은 단순한 성격이다.
	'벨'의 'ㄹ'	약2% =10%x0.2	박애주의, 평화주의, 이상주의 등을 추구하는 성격이다.
조합	'ㅇ'+'ㅍ' 'ㅇ'+'ㅂ'	100% (세부적으로 구분하기에는 너무 복잡함)	연마, 완벽, 원만, 혁파, 현명, 희망 등의 긍정적인 성격도 나타나고, 압박, 야박, 예민, 오만, 음모, 협박 등의 부정적인 성격도 나타날 수 있다.
	'ㅇ'+'ㄴ' 'ㅇ'+'ㄷ' 'ㅇ'+'ㄹ'		아량, 의리, 협동, 호탕, 활동, 다양, 대화, 통합 등의 긍정적인 성격도 나타나고, 암투, 야들, 허탈, 혼돈, 나약, 다혈, 당황 등의 부정적인 성격도 나타날 수 있다.

조합	'ㅍ'+'ㄴ' 'ㅍ'+'ㄷ' 'ㅍ'+'ㄹ'	100% (세부적으로 구분하기에는 너무 복잡함)	만능, 매듭, 매력, 맹렬, 방대, 배려, 평등 등의 긍정적인 성격도 나타나고, 몰락, 무력, 미련, 부당, 분리, 폐단 등의 부정적인 성격도 나타날 수 있다.
	'ㅍ'+'ㅂ'		명백, 모범, 방법, 변모, 보배, 보편, 분명, 분별 등의 긍정적인 성격도 나타나고, 무모, 박멸, 배반, 번민, 불평, 핍박 등의 부정적인 성격도 나타날 수 있다.
	'ㄹ'+'ㄴ' 'ㄹ'+'ㄷ' 'ㄹ'+'ㄹ' 'ㄷ'+'ㄴ' 'ㄷ'+'ㄹ' 'ㄴ'+'ㄹ'		나눔, 논리, 능동, 능률, 단련, 도덕, 독립, 토론 등의 긍정적인 성격도 나타나고, 나태, 낙담, 난동, 논란, 느림, 독단, 타락 등의 부정적인 성격도 나타날 수 있다.
	'ㄴ'+'ㅂ' 'ㄷ'+'ㅂ' 'ㄹ'+'ㅂ'		논법, 달변, 단백, 대범, 덕망, 돌파, 탐방, 태평 등의 긍정적인 성격도 나타나고, 난발, 낭비, 노발, 누명, 능멸, 도발 등의 부정적인 성격도 나타날 수 있다.

표면적인 성격은 이름의 자음 초성이 80%를, 종성이 20%를 결정한다.

먼저, '알프레드 노벨'의 개별단위로 자음이 성격에 미치는 정도를 살펴볼 수 있다.

이때, 가장 강하고 가장 많이 불리는 순이름의 첫 자 '알'자의 초성 'ㅇ'이 성격에 가장 많은 영향을 미치고, 그다음이 순이름의 둘째 자 '프'자의 초성 'ㅍ'과 성(姓)의 첫 자 '노'의 초성 'ㄴ'이고, 그다음이 순이름의 셋째 자 '레'자의 초성 'ㄹ'과 순이름의 넷째 자 '드'자의 초성 'ㄷ'과 성(姓)의 둘째 자 '벨'자의 초성 'ㅂ'이고, 마지막으로 '프', '레', '드'의 종성 없음으로 인한 단순함이 성격에 영향을 미친다.

이들 자음이 성격에 미치는 비중을 종합해 보면, ① 설음인 'ㄴ', 'ㄹ', 'ㄷ'이 약 40%로 가장 높고, ② 그다음이 후음인 'ㅇ'과 순음인 'ㅍ', 'ㅂ'이 각 약 24%씩 이고, ③ 마지막으로 단순함이 12%이다.

이를 세부적으로 살펴보면, 'ㄴ', 'ㄷ', 'ㄹ'은 '다양하고 폭넓게 관심을 가지고, 사고와 행동이 부드럽고 따뜻하고 유연하며, 매사에 철저하지 못할 수 있고, 말이 앞서고, 책임감이 부족할 수 있고, 나약하고, 우유부단 할 수 있는 등 전반적으로 박애주의, 평화주의, 이상주의 등을 추구하는 성격'으로 주로 나타난다.

'ㅇ'은 '다양하고 폭넓게 관심을 가지고, 사고가 종합적, 합리적, 이성적이고, 화합과 타협을 선호하고, 행동은 원만하고 의연하고, 과감성과 결단성이 부족할 수 있는 등 전반적으로 합리주의, 평화주의, 이상주의 등을 추구하는 성격'으로 주로 나타난다.

'ㅂ', 'ㅍ'은 '자신의 관심분야에 대해서는 분명하고 완벽히 하고, 언행일치하고, 자신의 만족에 우선하고, 감정적이기 보다 분석적으로 접근하는 등 대체로 자기중심주의, 완벽주의, 현실주의 등을 추구하는 성격'으로 주로 나타난다.

그다음으로, '알프레드 노벨'의 자음의 조합 형태로 표면적인 성격에 미치는 정도를 살펴볼 수 있다.

'알프레드 노벨'의 자음은 ① 'ㅇ' + 'ㅍ', ② 'ㅇ' + 'ㄹ'(3), ③ 'ㅇ' + 'ㄷ'(2), ④ 'ㅇ' + 'ㄴ', ⑤ 'ㅇ' + 'ㅂ', ⑥ 'ㅍ' + 'ㄹ'(3), ⑦ 'ㅍ' + 'ㄷ', ⑧ 'ㅍ' + 'ㄴ', ⑨ 'ㅍ' + 'ㅂ', ⑩ 'ㄹ' + 'ㄷ', ⑪ 'ㄹ' + 'ㄴ', ⑫ 'ㄹ' + 'ㅂ', ⑬ 'ㄹ' + 'ㄹ'(3), ⑭ 'ㄷ' + 'ㄴ', ⑮ 'ㄷ' + 'ㅂ', ⑯ 'ㄷ' + 'ㄹ'(2), ⑰ 'ㄴ' + 'ㅂ', ⑱ 'ㄴ' + 'ㄹ'(2)의 형태로 경우의 수가 18가지이다. 조합의 형태는 우리말의 낱말을 통해 성격에 어떻게 미치는지 알 수 있다.

'ㅇ' + 'ㅂ', 'ㅇ' + 'ㅍ'의 형태는 우리말에 연마, 완벽, 원만, 혁파, 현명, 희망 등의 낱말과 같이 긍정적인 성격도 나타나고, 압박, 야박, 예민, 오만, 음모, 협박 등의 낱말과 같이 부정적인 성격도 나타날 수 있다.

이와 마찬가지로, 다른 조합의 형태도 우리말의 낱말과 같은 긍정적인 성격이 나타나기도 하고, 부정적인 성격이 나타나기도 한다.

❖ 내면적인 성격

구분		영향	성격
개별	'알'의 'ㄹ'	약24% =30%x0.8	박애주의, 평화주의, 이상주의 등을 추구하는 성격이다.
	'프'의 종성없음	약16% =20%x0.8	복잡하지 않은 단순한 성격이다.
	'레'의 종성없음	약8% =10%x0.8	복잡하지 않은 단순한 성격이다.
	'드'의 종성없음	약8% =10%x0.8	복잡하지 않은 단순한 성격이다.
	'노'의 종성없음	약16% =20%x0.8	복잡하지 않은 단순한 성격이다.
	'벨'의 'ㄹ'	약8% =10%x0.8	박애주의, 평화주의, 이상주의 등을 추구하는 성격이다.
	'알'의 'ㅇ'	약6% =30%x0.2	합리주의, 평화주의, 이상주의 등을 추구하는 성격이다.
	'프'의 'ㅍ'	약4% =20%x0.2	자기중심주의, 완벽주의, 현실주의 등을 추구하는 성격이다.
	'레'의 'ㄹ'	약2% =10%x0.2	박애주의, 평화주의, 이상주의 등을 추구하는 성격이다.
	'드'의 'ㄷ'	약2% =10%x0.2	박애주의, 평화주의, 이상주의 등을 추구하는 성격이다.

개별	'노'의 'ㄴ'	약4% =20%x0.2	박애주의, 평화주의, 이상주의 등을 추구하는 성격이다.
	'벨'의 'ㅂ'	약2% =10%x0.2	자기중심주의, 완벽주의, 현실주의 등을 추구하는 성격이다.
조합	'ㅇ'+'ㅍ' 'ㅇ'+'ㅂ'	100% (세부적으로 구분하기에는 너무 복잡함)	연마, 완벽, 원만, 혁파, 현명, 희망 등의 긍정적인 성격도 나타나고, 압박, 야박, 예민, 오만, 음모, 협박 등의 부정적인 성격도 나타날 수 있다.
	'ㅇ'+'ㄴ' 'ㅇ'+'ㄷ' 'ㅇ'+'ㄹ'		아량, 의리, 협동, 호탕, 활동, 다양, 대화, 통합 등의 긍정적인 성격도 나타나고, 암투, 야들, 허탈, 혼돈, 나약, 다혈, 당황 등의 부정적인 성격도 나타날 수 있다.
	'ㅍ'+'ㄴ' 'ㅍ'+'ㄷ' 'ㅍ'+'ㄹ'		만능, 매듭, 매력, 맹렬, 방대, 배려, 평등 등의 긍정적인 성격도 나타나고, 몰락, 무력, 미련, 부당, 분리, 폐단 등의 부정적인 성격도 나타날 수 있다.
	'ㅍ'+'ㅂ'		명백, 모범, 방법, 변모, 보배, 보편, 분명, 분별 등의 긍정적인 성격도 나타나고, 무모, 박멸, 배반, 번민, 불평, 핍박 등의 부정적인 성격도 나타날 수 있다.

조합	'ㄹ'+'ㄴ' 'ㄹ'+'ㄷ' 'ㄹ'+'ㄹ' 'ㄷ'+'ㄴ' 'ㄷ'+'ㄹ' 'ㄴ'+'ㄹ'	100% (세부적으로 구분하기에는 너무 복잡함)	나눔, 논리, 능동, 능률, 단련, 도덕, 독립, 토론 등의 긍정적인 성격도 나타나고, 나태, 낙담, 난동, 논란, 느림, 독단, 타락 등의 부정적인 성격도 나타날 수 있다.
	'ㄴ'+'ㅂ' 'ㄷ'+'ㅂ' 'ㄹ'+'ㅂ'		논법, 달변, 단백, 대범, 덕망, 돌파, 탐방, 태평 등의 긍정적인 성격도 나타나고, 난발, 낭비, 노발, 누명, 능멸, 도발 등의 부정적인 성격도 나타날 수 있다.

내면적인 성격은 이름의 자음 종성이 80%를, 초성이 20%를 결정한다.

먼저 '알프레드 노벨'의 개별단위로 자음이 성격에 미치는 정도를 살펴볼 수 있다.

이때 가장 강하고 가장 많이 불리는 순이름의 첫 자 '알'자의 종성 'ㄹ'과 성(姓)의 종성 없음으로 인한 단순함이 성격에 가장 많은 영향을 미치고, 그다음이 순이름의 둘째 자 '프'자와 성(姓)의 첫 자 '노'의 종성 없는 단순함이고, 그다음이 순이름의 셋째 자 '레'자와 순이름의 넷째 자 '드'자의 종성 없는 단순함과 성(姓)의 둘째 자 '벨'자의 종성 'ㄹ'이 성격에 영향을 미친다.

이들 자음이 내면 성격에 미치는 비중을 종합해 보면, ① 단순함이 약 48%로 가장 높고, ② 그다음이 설음인 'ㄴ', 'ㄷ', 'ㄹ'이 약 40%이고, ③ 마지막으로 후음인 'ㅇ'과 순음인 'ㅂ', 'ㅍ'이 각 약 6%씩이다.

이에 대한 세부적인 성격은 표면적인 성격의 내용과 같다.

그다음으로, '알프레드 노벨'의 자음의 조합 형태로 내면적인 성격에 미치는 정도를 살펴볼 수 있다.

'알프레드 노벨'의 자음은 ① 'ㄹ' + 'ㄹ'(2), ② 'ㄹ' + 'ㅇ'(2), ③ 'ㄹ' + 'ㅍ', ④ 'ㄹ' + 'ㄷ'(2), ⑤ 'ㄹ' + 'ㄴ'(3), ⑥ 'ㄹ' + 'ㅂ'(3), ⑦ 'ㅇ' + 'ㅍ', ⑧ 'ㅇ' + 'ㄹ', ⑨ 'ㅇ' + 'ㄷ', ⑩ 'ㅇ' + 'ㄴ', ⑪ 'ㅇ' + 'ㅂ', ⑫ 'ㅍ' + 'ㄹ', ⑬ 'ㅍ' + 'ㄷ', ⑭ 'ㅍ' + 'ㄴ', ⑮ 'ㅍ' + 'ㅂ', ⑯ 'ㄷ' + 'ㄴ', ⑰ 'ㄷ' + 'ㅂ', ⑱ 'ㄴ' + 'ㅂ'의 형태로 경우의 수가 18가지이다.

이에 대한 세부적인 성격은 표면적인 성격의 내용과 같다.

조합의 형태는 우리말의 낱말을 통해 성격에 어떻게 미치는지 알 수 있고, 우리말의 낱말과 같은 긍정적인 성격이 나타나기도 하고, 부정적인 성격이 나타나기도 한다.

❖ 종합

'알프레드 노벨'의 성격을 종합해 보면, 기본적인(중심적인) 성격은 양성인 'ㅏ'와 'ㅗ'의 성격이 약 50%이고, 중성인 'ㅡ'의 성격이 약 30%이고, 음성인 'ㅔ'의 성격이 약 20%로 복합적으로 나타난다. 이렇게 '알프레드 노벨'의 기본적인(중심적인) 성격은 음양의 조화가 되어 있으나, 양성의 성격이 음성의 성격에 비해 훨씬 많은 비중을 차지하므로 양성의 성격에 가깝다고 할 수 있다.

'알프레드 노벨'은 이런 기본적인(중심적인) 성격을 근간으로, 표면적인 성격은 'ㅇ', 'ㅍ', 'ㄹ', 'ㄷ', 'ㄴ', 'ㅂ'의 성격이 복합적으로 나타난다. 이 중에서 'ㅍ'과 'ㅂ'의 강함이 약 24%이고, 'ㅇ', 'ㄴ', 'ㄷ', 'ㄹ'의 부드러움과 유연함이 약 64%이므로 아주 부드럽고 유연하였을 것이다.

내면적인 성격은 'ㅇ', 'ㄴ', 'ㄷ', 'ㄹ'의 부드러움과 유연함이 약 46%이고, 단순함이 48%이므로 아주 부드럽고 유연하면서도 복잡하지 않고 단순하였을 것이다.

'노벨'은 자음 'ㅇ', 'ㅍ', 'ㄹ'(3개), 'ㄷ', 'ㄴ', 'ㅂ'의 총 8개 중에 'ㅇ'과 'ㄴ' 계열이 6개로 약 75%의 비중을 차지하므로 부드럽고 유연하고 원만하여 상대를 배려하고 친절을 베푸는 등의 인간미가 넘치는 성격이었을 것이다.

이처럼 이름에 따른 '노벨'의 성격은 수십 가지의 다양한 형태로 나타날 수 있다.

이런 '노벨'의 성격은 광산이나 노동현장 등에서 힘들게 일하는 사람들을 위해 개발한 자신의 발명품인 TNT가 전쟁에 이용되면서 수많은 사람들을 죽이는 무서운 무기로 이용되는 것에 너무

괴로웠을 것이다. 그는 평화, 사랑, 박애, 이상 등을 추구하는 사람이었기에 자신이 TNT로 번 엄청난 돈의 가치에 번민과 갈등하였을 것이 분명하다. 그래서 그가 내린 결론은 자신의 모든 재산을 기부해 인류의 행복 증진에 공헌하는 사람에게 상을 주도록 한 것이라고 볼 수 있다.

한편으로는, 그의 성격이 양성의 성격이 훨씬 강하였기 때문에 그의 모든 재산을 인류의 행복을 위해 쉽게 기부하기로 결심한 것으로 볼 여지도 있다.

제4장

한글의 원리

말과 언어의 기능

사람은 눈, 귀, 코, 혀, 몸, 뜻(眼耳鼻舌身意)의 6개 근원을 통해 형상, 소리, 냄새, 맛, 감촉, 법(色聲香味觸法)의 6개 정보의 형태로 통신을 한다. 사람은 외부로부터 들어오는 정보의 형태에 따라 반응의 정도가 다르다. 그러면 사람은 외부의 어떤 정보 형태에 가장 영향을 많이 받을 것인가? 그것은 형상, 소리, 냄새, 맛, 감촉, 법의 순서이다.

사람은 맑고 쾌청한 날에는 눈으로 몇백 미터(m)에서 몇 킬로미터(km)까지 눈으로 볼 수 있고, 눈으로 들어오는 정보의 양도 대단하다. 그에 비해, 귀로 들을 수 있는 소리는 아무리 큰소리도 몇백 미터(m) 정도 떨어진 곳에서 나는 소리를 들을 수 없고, 대부분은 몇 미터(m) 정도 떨어진 곳에서 나는 소리만 제대로 들을 수 있다. 소리의 정보의 양도 눈으로 들어오는 정보의 양에 비해 현저히 떨어진다.

이렇게 식으로, 냄새는 소리에 비해 현저히 떨어지고, 맛은 냄새에 비해 현저히 떨어지고, 감촉은 맛에 비해 현저히 떨어지고, 법(法)은 감촉에 비해 현저히 떨어진다.

이렇게 따져볼 때, 소리는 사람에게 아주 많은 영향을 미치는 정보의 형태라는 것을 알 수 있다.

사람은 자신의 생각이나 의사를 다른 사람들에게 전달하거나 소통하기 위해 가장 효율적인 수단으로 말과 언어를 사용한다. 이 말과 언어는 소리나 문자의 형태로 사람들 간에 의사소통을 한다.

사람은 세상에 태어났을 때는 말과 언어를 구사할 줄 모르지만 점차 자라면서 부모, 형, 누나, 오빠 등 주변 사람들로부터 말과 언어를 배워서 잘 구사하게 된다.

말과 언어는 많은 사람들이 사용하여야 생명력을 유지할 수 있다. 그러기 위해서는 일정한 규칙과 원칙이 있어야 한다.

그렇지 않으면 그 말과 언어는 사람들이 사용하지 않게 될 것이고, 점차 잊히는 말과 언어가 된다.

우리말과 글의 가치

세종대왕이 훈민정음(한글)을 창제하기 이전에도 우리말은 존재하였다. 과거부터 현대에 이르기까지, 한국을 비롯한 중국, 미국, 일본 등 모든 나라들이 그 나라마다 어떤 형태로든 말과 글을 사용하고 있다.

자신들의 말과 문자가 없다면 다른 나라 말과 문자를 차용해서라도 사용하고 있다. 세계적으로 가장 많이 사용되는 말과 문자가 중국어, 스페인어, 영어, 힌두어, 아랍어 등의 순이다.

세종대왕은 우리말과 중국말이 서로 다르고, 한자는 엘리트 문자라서 백성들이 한자로 의사소통을 하는 데 어려움이 많다는 사실에 너무 안타까워하셨다.

이에 대해서는 훈민정음 서문에 너무도 잘 나타나 있다. 이를 해석한 서문을 인용하면 다음과 같다.

나라 말씀이 중국과 달라 문자끼리 서로 맞지 아니하다.
이런 까닭으로 어리석은 백성이 이르고자 할 바가 있어도
마침내 자신의 뜻을 펴지 못하는 사람이 많으니라.

내 이를 위하여 가엾게 여겨 새로 스물 여덟 자를 만드노니

모든 사람으로 하여금 쉽게 익혀 날마다 쓰기에 편안케 하고자 할

따름이니라.

우리말과 글은 세계 어느 나라의 말과 글에도 들어 있지 않은
대자연과 인간의 기운(에너지)을 고스란히 담고 있는 거의 유일한
말과 글이다. 그렇기 때문에 우리말과 글에는 엄청난 힘을 가지
고 있다.

이에 대한 좋은 예로 우리 속담에 「말이 보살이다」라는 말이
있다. 이 속담은 자신이 뱉은 말은 장차 그 말대로 이루어진다는
뜻이다.

또 다른 속담으로 「낮말은 새가 듣고 밤말은 쥐가 듣는다」라는
말도 있다. 이 속담은 그 말을 들은 사람이 시기나 질투를 할 수
있으므로 말을 조심하거나 가려서 하라는 뜻이다.

이처럼 우리는 우리말과 글에 엄청난 기운(에너지)을 담고 있다
는 사실을 어렴풋이 느끼면서 사용하고 있다. 따라서 우리말과
글에 대해 조금 심하게 표현하면 주술이나 주문과 같은 힘을 가
졌다고도 할 수 있다. 우리는 우리말과 글에 대해 무한한 자부
심을 느껴도 된다.

우리말과 글이 이렇게 엄청난 기운(에너지)를 가졌기 때문에 좋

은 말을 많이 사용해야 한다. 좋은 말을 많이 하는 사람에게는 좋은 기운(에너지)이 넘쳐나게 된다.

욕설이나 폭언은 삼가야 한다. 그 이유는 욕설이나 폭언은 말한 사람이나 듣는 사람 모두가 나쁜 기운(에너지)을 동시에 받기 때문이다. 그리고 인터넷이나 각종 매체에 악성댓글을 작성하는 경우도 역시 마찬가지다.

모음의 기본형

구분	모양	뜻
천	·	하늘, 태양, 우주
지	―	땅, 지구
인	｜	인간, 사물

천지인의 개념은 인류의 역사만큼이나 오래되었을 것이다. 그 이유는 인간은 태어나면서 하늘과 땅과 인간을 접하기 때문이다.

중세 이전까지 인간의 우주관은 지구는 대단히 크고, 광활한 평지이며, 지구의 끝은 낭떠러지로 떨어지는 것으로 믿었다. 하늘은 태양을 비롯한 무수히 많은 별들이 가득한 무한히 넓고 크다고 여겼다. 하늘은 숭배의 대상이었다. 무엇보다, 지구는 우주의 중심으로서 우주가 지구를 중심으로 도는 천동설을 믿었다. 인간은 지구의 주인으로 나머지 생명체는 인간을 위해 존재하는 것으로 믿었고, 지금도 이렇게 믿고 있다.

이러한 사실에 비추어 볼 때, 천지인은 인간의 우주관인 우주(태양)와 지구와 사람을 함축적으로 가장 잘 나타내는 개념이다.

이러한 천지인을 한자는 하늘(태양)을 '천(天)'으로, 땅을 '지(地)'로, 사람을 '인(人)'으로 표기하고 있는 반면, 한글은 하늘(태양)을 '천(•)'으로, 땅을 '지(一)'로, 사람을 '인(ㅣ)'으로 표기하였다. 이렇게 간단하고 단순하게 표기한 세종의 한글 창제는 참으로 위대하다. 어렵고 복잡한 것을 단순하고 간단하게 만드는 능력이 세상에서 가장 위대한 것이다.

무엇보다, 이렇게 표기한 한글의 천(•)지(一)인(ㅣ)에는 그 뜻도 그대로 담고 있다는 사실에 놀라지 않을 수 없다. 한글의 모음은 밝기, 크기, 방향, 거리, 무게, 부피 등 3차원에 해당하는 뜻을 모두 가지고 있다. 이에 대한 의미는 뒤에서 자세히 다루기로 한다.

모음의 확장형

구분	모양		밝기	크기	무게	방향	방위	음/양
	기본형	확장형						
수평 (좌우)	ㅏ	ㅑ	밝다	작다	가볍다	앞으로	동	양성
	ㅓ	ㅕ	어둡다	크다	무겁다	뒤로	서	음성
	ㅣ		중간	중간	중간	정지	중앙	중성
수직 (상하)	ㅗ	ㅛ	아주 밝다	아주 작다	아주 가볍다	위로	남	양성
	ㅜ	ㅠ	아주 어둡다	아주 크다	아주 무겁다	아래로	북	음성
	ㅡ		중간	중간	중간	정지	중앙	중성

세종이 한글을 창제할 당시에는 천(•)지(一)인(ㅣ) 3개의 기본형 글자를 조합하여 만든 글자가 'ㅏ', 'ㅑ', 'ㅓ', 'ㅕ', 'ㅗ', 'ㅛ', 'ㅜ', 'ㅠ' 8자와 기본형 '•', '一', 'ㅣ' 3자를 포함하여 총 11자였다. 그러나 지금은 •(아래아)는 사용하지 않고 10자만 사용되고 있다.

모음 10자 중 'ㅏ', 'ㅑ', 'ㅓ', 'ㅕ', 'ㅣ' 이들 5자는 수평(앞뒤, 좌우)의 뜻을 담고 있는 글자이다. 다시 말해서 이들의 뜻에는 수직(상하, 위아래)의 뜻이 포함되어 있지 않다.

여기서 'ㅏ'와 'ㅑ'는 사람이나 사물을 기준으로 하늘(태양)이 오른쪽에 위치하고 있는 모양을 본떠서 만든 글자이다.

따라서 이들은 세상이 어둠에서 밝음으로 바뀌게 되므로 밝다, 맑다, 가볍다, 즐겁다, 앞으로, 나아가다, 향하다, 가깝다, 작다, 즉흥적이다, 낙관적이다 등의 뜻을 가지고 있다.

이들의 방위는 당연히 동쪽에 해당하고, 음양의 성질은 양성에 해당한다.

이들의 사용 예로는 가다, 나타나다, 날다, 달리다, 맑다, 바깥, 밝다, 아침, 앞으로, 자라다, 창창하다, 타다 등이 있다.

이들의 뜻을 함축적으로 표현하면 「그 기운(에너지)이 앞으로 나아가고 있다」라고 할 수 있다.

다음으로 'ㅓ'와 'ㅕ'는 'ㅏ'와 'ㅑ'의 대칭의 개념으로서 사람이나 사물을 기준으로 하늘(태양)이 왼쪽에 위치하고 있는 모양을 본떠서 만든 글자이다.

따라서 이들의 뜻은 세상이 밝음에서 어둠으로 바뀌게 되므로 어둡다, 무겁다, 썰렁하다, 뒤로, 떨어지다, 넘어지다, 멀다, 크다, 신중하다, 비관적이다 등의 뜻을 가지고 있다.

이들의 방위는 당연히 서쪽에 해당하고, 음양의 성질은 음성에 해당한다.

이들의 사용 예로는 거꾸로, 거닐다, 거두다, 결정, 경제, 널리, 더럽다, 더욱, 먹다, 멀다, 버리다, 벌리다, 서럽다, 서운하다, 어둡다, 처절하다, 터무니, 허무 등이 있다.

이들의 뜻을 함축적으로 표현하면 「그 기운(에너지)이 뒤로 움츠리고 있다」라고 할 수 있다.

수평에 해당하는 마지막 글자인 'ㅣ'는 수평의 기준, 중립, 중앙, 중성 등의 개념을 지닌 글자이다.

이들의 사용 예로는 기운, 기준, 기초, 미진, 이치. 지리, 치밀, 키, 피하다 등이 있다.

모음 10자 중 나머지 'ㅗ', 'ㅛ', 'ㅜ', 'ㅠ', 'ㅡ' 5자는 수직(상하, 위아래)의 뜻을 담고 있는 글자이다. 다시 말해서 이들의 뜻에는 수평(앞뒤, 좌우)의 뜻이 없다.

여기서 'ㅗ'와 'ㅛ'는 지표면을 기준으로 하늘(태양)이 위쪽에 위치하고 있는 모양을 본떠서 만든 글자이다.

따라서 이들의 뜻은 세상이 어두운 곳이 거의 없는 가장 환한 상태가 되므로 환하다, 매우 가볍다, 황홀하다, 위로, 오르다, 높다, 매우 작다, 즉흥적이다, 낙관적이다, 도전적이다 등의 뜻을 가지고 있다.

이들의 방위는 당연히 남쪽에 해당하고, 음양의 성질은 양성에 해당한다.

이들의 사용 예로는 고공, 고개, 고통, 놀라다, 높다, 모습, 목표, 봉우리, 솟아오르다, 좋다, 쫓다, 초기, 총기, 토하다, 통하다, 호탕, 화통, 황홀 등이 있다.

이들의 뜻을 함축적으로 표현하면 「그 기운(에너지)이 위로 솟구치고 있다」라고 할 수 있다.

다음으로 'ㅜ'와 'ㅠ'는 'ㅗ'와 'ㅛ'의 대칭의 개념으로서 지표면을 기준으로 태양이나 하늘이 아래쪽에 위치하고 있는 모양을 본떠서 만든 글자이다.

따라서 이들의 뜻은 세상이 밝은 곳이 거의 없는 가장 어두운 상태가 되므로 매우 어둡다, 매우 무겁다, 우울하다, 무섭다, 아래로, 매우 멀다, 크다, 신중하다, 비관적이다 등의 뜻을 가지고 있다.

이들의 방위는 당연히 북쪽에 해당하고, 음양의 성질은 음성에 해당한다.

이들의 사용 예로는 규율, 누렇다, 둘레, 무리, 물, 불, 숙이다, 우울, 울다, 주룩주룩, 춥다, 충성, 풍년, 풍부, 후덕, 흉하다 등이 있다.

이들의 뜻을 함축적으로 표현하면 「그 기운(에너지)이 아래로 내려가고 있다」라고 할 수 있다.

수직에 해당하는 마지막 글자인 'ㅡ'는 수직의 기준, 중립, 중앙, 중성 등의 개념을 지닌 글자이다.

이들의 사용 예로 그, ~는, ~들, ~를, 스스로, ~은, 즈음, 즐기다, 크다, 흐르다 등이 있다.

자음의 기본형

구분	글자	모양	뜻
아음	ㄱ(기역)	① 혀뿌리가 목구멍을 막는 모양 ② 굽은 모양 ③ 뿌리가 1개인 모양	가장자리(시작점이나 끝점), 굽다, 깊다, 크다, 고정되다, 강하다 등
설음	ㄴ(니은)	① 혀끝이 치조에 붙는 모양 ② 평평한 모양	넓다, 부드럽다, 따듯하다, 자유롭다, 오래되다 등
순음	ㅁ(미음)	① 입이 다문 모양 ② 네모 모양	많다, 빈틈없다, 빽빽하다, 분명하다 등
치음	ㅅ(시옷)	① 이(치아)의 모양 ② 뿌리가 2개인 모양	응축되다, 단단하다, 날카롭다, 으깨다, 강하다 등
후음	ㅇ(이응)	① 목구멍의 모양 ② 원 모양	둥글다, 완전하다, 원활하다, 여유롭다 등

자음은 인간의 목, 입, 이, 혀의 발음기관이 공기(호흡)의 흐름을 막거나 떼는 형태를 취하면서 만들어지는 모양을 본떠서 만들어졌다.

　무엇보다 중요한 사실은 이들 자음이 발음기관의 모양뿐 아니라 그 뜻도 발음기관의 모양과 성질을 그대로 담고 있다는 사실이다.

　먼저 아음인 'ㄱ'은 혀뿌리가 목구멍을 막는 모양을 본떠서 만든 글자이다. 글자의 모양도 굽은 모양이고 뿌리가 1개인 모양이다. 아음은 치음과 같이 뿌리가 있는 글자이고 그 길이는 치음보다 길다.

　이 아음은 입안의 가장 안쪽의 깊은 곳에서 소리가 나오고, 소리가 꺾기는 등의 특징이 있으므로 그 뜻도 시작하다, 기초적이다, 강하다, 크다, 끝까지, 굽다(몸이나 마음을 숙이다), 고정되다 등의 뜻을 가지고 있다.

　이 아음의 사용 예로는 가까이, 가계, 가장, 가족, 감사, 감정, 개인, 거리, 건국, 격분, 결판, 경의, 경험, 고귀, 공경, 교육, 구속, 근본, 근원, 기계, 기본, 기운, 기초 등이 있다.

　특히 이 아음이 종성으로 사용되면 고정되다, 한정되다 등의 뜻이 강하다. 그 예로 국, 극, 덕, 막, 박, 복, 벽, 삭, 석, 숙, 악, 억, 욱, 적, 착, 축, 탁, 팍, 칵, 혁 등이 있다.

　설음인 'ㄴ'은 혀끝이 치조(치근이 박혀 있는 상하 악골의 공간)에 붙는 모양을 본떠서 만든 글자이다. 글자의 모양도 평평한 모양이다.

이 설음은 혀를 이용해야만 그 소리가 나기 때문에 그 뜻도 혀의 성질을 그대로 담고 있다. 혀는 다른 발음기관에 비해 평평하게 넓고 움직임이 자유롭고 부드럽고 따듯한 특징 등이 있다. 그래서 그 뜻도 평평하다, 넓다, 부드럽다, 따듯하다, 움직임이 자유롭다, 오래되다 등의 뜻을 가지고 있다.

이 설음의 사용 예로는 나르다, 날다, 너울, 넉넉히, 넘치다, 녹다, 논다, 놀다, 높다, 누다, 눕다, 느끼다 등이 있다.

순음인 'ㅁ'은 소리를 낼 때 마주 붙는 두 입술, 즉 입이 다문 모양을 본떠 만든 글자이다. 글자의 모양도 네모로 각진 모양이다.

이 순음은 입을 다물었다 떼야 그 소리가 나게 된다. 이 소리는 글자의 모양이 네모이고 각이 져 있듯이, 그 뜻도 역시 그렇다. 그 뜻은 많다, 빈틈없다, 빽빽하다, 꼼꼼하다, 분명하다 등의 뜻을 가지고 있다.

이 순음의 사용 예로는 마감, 마무리, 맛, 머리, 먹다, 멋, 명소, 모습, 목표, 문, 미움 등이 있다.

치음인 'ㅅ'은 이(치아)의 모양을 본떠 만든 글자이다. 글자의 모양도 뿌리가 2개인 모양이다.

이 치음은 이(치아) 사이를 비집고 나오며 마찰해야만 그 소리가 나므로 그 뜻도 이(치아)의 성질이 그대로 가지고 있다. 이(치아)는 그 자체가 단단한 덩어리이고 아주 단단하고 강하여 음식물 등을 썰고 자르고 으깨는 특징이 있다. 그래서 그 뜻도 응축되다, 단단하다, 강하다, 날카롭다, 썰다, 자르다, 으깨다 등의 뜻을 가지고 있다.

이 치음의 사용 예로는 사물, 삭둑, 삶, 살상, 상부상조, 서로, 성공, 소리, 송곳, 솟다, 수정 등이 있다.

마지막으로, 후음인 'ㅇ'은 소리가 나는 장소가 목청이므로 목구멍을 본떠 만든 글자이다. 글자의 모양도 원 모양이다. 'ㅇ'은 초성일 때는 음가가 없으며, 종성일 때는 혀뿌리를 높여 연구개를 막고 날숨을 코 안으로 내보낼 때 나는 소리이다

이 후음은 목청을 좁혀 둥글게 만들어야만 소리가 난다. 이들은 글자의 모양이 둥글고 각이 없듯이, 그 뜻도 역시 그러하다. 그 뜻은 둥글다, 완전하다, 원활하다, 여유롭다 등의 뜻을 가지고 있다.

이 후음의 사용 예로는 아름답다, 안녕, 양지, 어머니, 아버지, 얼굴, 영웅, 옹기, 완성, 완전, 왕, 왕성, 우리, 운, 웅성, 융합, 원앙 등이 있다.

지금까지 살펴본 바와 같이 「자음은 인간 중심의 글자다」라는 사실을 알 수 있다.

자음의 확장형

구분	확장형	겹자음
아음(어금닛소리)	ㅋ(키읔)	ㄲ(쌍기역)
설음(혓소리)	ㄷ(디귿), ㄹ(리을), ㅌ(티읕)	ㄸ(쌍디귿)
순음(입술소리)	ㅂ(비읍), ㅍ(피읖)	ㅃ(쌍비읍)
치음(잇소리)	ㅈ(지읒), ㅊ(치읓)	ㅆ(쌍시옷), ㅉ(쌍지읒)
후음(목구멍소리)	ㅎ(히읗)	

　자음의 확장형과 겹자음은 우리가 보기에 한 획을 추가하거나 겹친 형태이기 때문에 가볍게 생각할 수 있는 면이 있다. 그러나 세종대왕이 이렇게 만들기까지 어떤 과정을 거쳤을까 곰곰이 생각해 보면 그분이 얼마나 고심하고 치밀하게 연구하였는가를 짐작하고도 남음이 있다.

　아음 'ㄱ'의 확장자인 'ㅋ'과 겹자음인 'ㄲ'은 'ㄱ'보다 센소리와 된소리가 나는 것을 가장 쉽고 단순하게 표기하기 위해 만든 글자이다.

'ㅋ'은 'ㄱ'을 두 개 이상 포갠 모양으로, 이를 가장 쉽고 단순하게 표기하기 위해 'ㄱ'에 한 획을 더해 만든 글자이다. 'ㄲ'은 'ㄱ'을 병렬로 겹쳐서 만든 글자이다.

이들의 사용 예로는 칸, 칼, 커다, 쾌감, 크다, 키, 깨끗이, 깨달음, 꼭지, 꽃, 꿋꿋이, 끝 등이 있다.

설음 'ㄴ'의 확장자인 'ㄷ', 'ㄹ', 'ㅌ'과 겹자음인 'ㄸ'은 아음과 마찬가지로 'ㄴ'보다 센소리와 된소리가 나는 것을 가장 쉽고 단순하게 표기하기 위해 만든 글자이다.

'ㄷ'은 'ㄴ'을 두 개 포개어서 이를 쉽고 단순하게 표기하기 위해 'ㄴ'에 한 획을 더하여 만든 글자이고, 'ㄹ'은 'ㄴ'을 여러 개 이어서 만든 글자이며, 'ㅌ'은 'ㄴ'을 여러 개 포개어서 'ㄴ'에 두 획을 더하여 만든 글자이다. 'ㄸ'은 'ㄷ'을 병렬로 겹쳐서 만든 글자이다.

이들의 사용 예로는 다가가다, 다정다감, 다니다, 돈다, 두리둥실, 랄랄라, 졸졸졸, 탄다, 태산, 태우다, 턴다, 털다, 통통, 티끌, 따뜻이, 땅, 뜻, 띄우다 등이 있다.

순음 'ㅁ'의 확장자인 'ㅂ', 'ㅍ'과 겹자음인 'ㅃ'은 'ㅁ'보다 센소리와 된소리가 나는 것을 가장 쉽고 단순하게 표기하기 위해 만든 글자이다.

'ㅂ'은 'ㅁ'을 두 개 포개어서 이를 쉽고 단순하게 표기하기 위해 'ㅁ'에 획을 더해 만든 글자이고, 'ㅍ'은 'ㅁ'을 여러 개 포개어서 이를 쉽고 단순하게 표기하기 위해 'ㅁ'에 획을 여러 개 더해 만든 글자이다. 'ㅃ'은 'ㅂ'을 병렬로 겹쳐서 만든 글자이다.

이들의 사용 예로는 밥, 법, 부부, 부유, 분명, 비빔, 파랑, 판사, 팔랑팔랑, 펄펄, 펴다, 풍년, 핍박, 빠르다, 빨강 등이 있다.

치음 'ㅅ'의 확장자인 'ㅈ', 'ㅊ'과 겹자음인 'ㅆ', 'ㅉ'은 'ㅅ'보다 센소리와 된소리가 나는 것을 가장 쉽고 단순하게 표기하기 위해 만든 글자이다.

'ㅈ'은 'ㅅ'을 두 개 포개어서 이를 쉽고 단순하게 표기하기 위해 'ㅅ'에 한 획을 더해 만든 글자이고, 'ㅊ'은 'ㅅ'을 여러 개 포개어서 이를 쉽고 단순하게 표기하기 위해 'ㅈ'에 한 획을 더해 만든 글자이다. 'ㅆ'은 'ㅅ'을 병렬로 겹쳐서 만든 글자이고, 'ㅉ'은 'ㅈ'을 병렬로 겹쳐서 만든 글자이다.

이들의 사용 예로는 자연, 작두, 장소, 장수, 저장, 전쟁, 전진, 정상, 조정, 종소리, 지속, 찬물, 창, 청정, 청춘, 촌각, 총, 추수, 충격, 싸우다, 쓰다, 씨름, 짜다, 쪼개다, 찌르다 등이 있다.

후음 'ㅇ'의 확장자인 'ㅎ'은 'ㅇ'보다 센소리가 나는 것을 가장 쉽고 단순하게 표기하기 위해 만든 글자이고, 'ㅇ'을 여러 개 포개어서 이를 쉽고 단순하게 표기하기 위해 'ㅇ'에 획을 더해 만든 글자이다.

이의 사용 예로는 학교, 한껏, 함성, 항상, 행동, 헌화, 험한, 호의, 혼, 홍수, 화기, 화술, 화합, 환영, 황제, 황후, 후덕, 흠모, 힘 등이 있다.

4. 소리마디의 원리

 ## 소리마디(음절)란?

구분	역할
초성	자음으로 음절의 외부나 표면 등을 나타내는 역할을 한다.
중성	모음으로 음절의 밝기, 크기, 무게, 거리, 음양, 방향 등 중심적인 역할을 한다.
종성	자음으로 음절의 내부나 내면 등을 나타내는 역할을 한다.

한글의 소리마디는 초성, 중성, 종성으로 이루어지고, 이때 초성과 중성은 자음이 담당하고 중성은 모음이 담당한다. 초성, 중성, 종성의 각 뜻이 어우러져 그 소리마디의 뜻이 완성되는 것이다.

소리마디를 사람이나 동물에 비유하면 초성은 머리에, 중성은 몸통에, 종성은 다리에 해당한다고 할 수 있다.

이를 나무에 비유하면 초성은 나뭇가지와 잎에, 중성은 줄기나 몸통에, 종성은 뿌리에 해당한다고 할 수 있다.

이처럼 초성은 소리마디가 나타내고자 하는 외부나 표면 등에 해당하고, 중성은 밝기, 크기, 무게, 거리, 음양, 방향 등 그 소리마디의 중심에 해당하고, 종성은 내부나 내면 등에 해당한다. 소리마디에서 종성을 쓰지 않는 경우는 종성을 쓰지 않아도 소리마디가 나타내고자 하는 뜻이 충족되기 때문이다.

따라서 소리마디에서 가장 중요한 역할을 담당하는 것은 중성인 모음이라는 것을 알 수 있다. 다시 말해서 모음의 뜻을 제대로 이해하지 않고는 그 소리마디의 뜻을 정확히 안다고 할 수 없다.

소리마디의 표기법

중성	표기법
ㅏ, ㅓ, ㅣ 등 수평개념의 모음	초성은 모음의 왼쪽에 표기, 종성이 있을 경우 초성과 중성의 밑에 표기
ㅗ, ㅜ, ㅡ 등 수직개념의 모음	초성은 모음의 위에 표기, 종성이 있을 경우 중성의 밑에 표기
수평과 수직이 결합된 혼합형 모음	초성은 모음의 왼쪽 위에 표기, 종성이 있을 경우 초성과 중성의 밑에 표기

한글의 소리마디는 초성(님에서 'ㄴ'), 중성(님에서 'ㅣ'), 종성(님에서 'ㅁ')의 3개의 음소(음의 최소단위)로 이루어진다. 이때 초성과 종성은 자음을 쓰고 중성은 모음을 쓴다.

소리마디의 특징은 자모를 하나씩 풀어쓰지 않고 하나의 소리마디로 모아쓰기를 한다. 소리마디로 모아쓰기를 할 때는 초성을 먼저 쓰고, 그 오른쪽이나 아래에 중성을 쓰며, 모든 종성에는 초성과 중성 밑에 쓴다.

이에 대해 좀 더 구체적으로 표현하면,

첫째, 가운뎃소리(중성)가 'ㅏ', 'ㅐ', 'ㅑ', 'ㅒ', 'ㅓ', 'ㅔ', 'ㅕ', 'ㅖ', 'ㅣ'일 때는 중성을 초성의 오른쪽에 붙여 쓰고, 종성이 있을 경우는 그 아래에 붙여 쓴다. 이를 모아쓰기 형태로 표기하면 다음과 같고, 이들 중성은 좌우의 수평의 뜻을 나타낸다.

초성 : ㄱ   ⇨   **강**   ⇦   중성 : ㅏ

⇧

종성 : ㅇ

둘째, 중성이 'ㅗ', 'ㅛ', 'ㅜ', 'ㅠ', 'ㅡ'일 때는 중성을 초성의 아래쪽에 붙여 쓰고, 종성이 있을 경우는 그 아래에 붙여 쓴다. 이를 모아쓰기 형태로 표기하면 다음과 같고, 이들 중성은 상하의 수직의 뜻을 나타낸다.

초성 : ㄱ   ⇨   **공**   ⇦   중성 : ㅗ

⇧

종성 : ㅇ

셋째, 중성이 'ㅘ', 'ㅙ', 'ㅚ', 'ㅝ', 'ㅞ', 'ㅟ', 'ㅢ'와 같이 겹홀소리일 때는 중성을 초성의 오른쪽에 붙여 쓰고, 종성이 있을 경우는 그 아래에 붙여 쓴다. 이를 모아쓰기 형태로 표기하면 이래와 같고, 이들 중성은 수평과 수직의 뜻이 결합된 복합형이다.

초성 : ㄱ   ⇨   광   ⇦   중성 : ㅘ

⇧

종성 : ㅇ

소리마디의 자모 수

구분	자모의 수
자음의 초성	ㄱ, ㄴ, ㄷ, ㄹ, ㅁ, ㅂ, ㅅ, ㅇ, ㅈ, ㅊ, ㅋ, ㅌ, ㅍ, ㅎ, ㄲ, ㄸ, ㅃ, ㅆ, ㅉ 등 19자
모음의 중성	ㅏ, ㅑ, ㅓ, ㅕ, ㅗ, ㅛ, ㅜ, ㅠ, ㅡ, ㅣ, ㅐ, ㅒ, ㅔ, ㅖ, ㅘ, ㅙ, ㅚ, ㅝ, ㅞ, ㅟ, ㅢ 등 21자
자음의 종성	홑받침 14자와 겹받침 ㄲ, ㅆ, ㄳ, ㄵ, ㄶ, ㄺ, ㄻ, ㄼ, ㄽ, ㄾ, ㄿ, ㅀ, ㅄ 13자를 합한 총 27자

❖ 자음의 초성

자음이 초성으로 쓸 때는 단자음과 이중자음으로 쓴다. 오늘날 사용되는 단자음으로 'ㄱ', 'ㄴ', 'ㄷ', 'ㄹ', 'ㅁ', 'ㅂ', 'ㅅ', 'ㅇ', 'ㅈ', 'ㅊ', 'ㅋ', 'ㅌ', 'ㅍ', 'ㅎ'의 14자이고, 이중자음으로는 'ㄲ', 'ㄸ', 'ㅃ', 'ㅆ', 'ㅉ' 5자가 있다. 이들 이중자음은 단자음의 뜻을 좀 더 강하게 나타내거나 분명하게 나타낸다. 따라서 자음이 초성으로 쓰이는 자 수는 총 19자이다.

❖ 모음의 중성

　　모음이 중성으로 쓸 때는 단모음과 이중모음으로 쓴다. 오늘
날 사용되는 단모음으로는 'ㅏ', 'ㅑ', 'ㅓ', 'ㅕ', 'ㅗ', 'ㅛ', 'ㅜ', 'ㅠ', 'ㅡ', 'ㅣ'
의 10자이고, 이중모음은 두 가지 이상의 뜻이 있는 경우 이중자
음과 마찬가지로 이를 나타내기 위하여 두세 모음을 합하여 만
든 'ㅐ', 'ㅒ', 'ㅖ', 'ㅔ', 'ㅘ', 'ㅙ', 'ㅚ', 'ㅝ', 'ㅞ', 'ㅟ', 'ㅢ' 11자가 있다. 이들
이중모음은 단모음의 각 뜻이 내포되어 있다. 따라서 단모음의
중성으로 쓰이는 자수는 총 21자이다.

❖ 자음의 종성

　　자음이 종성으로 쓸 때는 홑받침과 겹받침을 쓴다. 오늘날 사
용되는 홑받침으로는 자음 14자이고, 겹받침으로는 이중자음
'ㄲ', 'ㅆ' 2자와 두 가지 이상의 뜻이 있는 경우 이를 나타내기 위
하여 두 자음을 합하여 만든 'ㄳ', 'ㄵ', 'ㄶ', 'ㄺ', 'ㄻ', 'ㄼ', 'ㄽ', 'ㄾ',
'ㄿ', 'ㅀ', 'ㅄ' 11자 등 13자가 있다. 따라서 자음이 종성으로 쓰이
는 자수는 총 27자이다.

2음절 모음의 이해

(1) 양성 + 양성 결합

조합		양(ㅏ, ㅑ, ㅗ, ㅛ, ㅘ, ㅙ, ㅐ, ㅒ) + 양(ㅏ, ㅑ, ㅗ, ㅛ, ㅘ, ㅙ, ㅐ, ㅒ)
주요낱말	핵심	광폭, 낙관, 화통, 활발, 과장, 교만, 마찰, 혼란
	긍정적	가교, 가상, 가장, 갈망, 감각, 감동, 감사, 감탄, 감행, 강화, 개최, 고양, 고함, 공개, 공론, 공통, 공상, 공약, 관찰, 관행, 교감, 교환, 쾌할, 다양, 단란, 단합, 담백, 담판, 대안, 대화, 돌파, 동화, 탐방, 태양, 통보, 마냥, 만발, 모방, 목표, 몽상, 사랑, 사방, 사용, 산란, 산화, 살랑, 상고, 상냥, 상쾌, 생각, 자발, 자상, 조화, 종합, 참가, 참회, 창대, 창조, 최고, 최대, 아담, 아랑, 애교, 완강, 용모, 항소, 해방, 행동, 호쾌, 호탕, 혼합, 홍보, 화해, 확대, 확산, 환상, 활동, 회개

주요 낱말	부정적	강요, 고난, 고발, 공포, 공황, 과대, 과속, 광란, 괴팍, 나태, 낙담, 난폭, 남발, 노발, 논란, 논쟁, 농락, 도발, 도살, 동요, 타락, 만행, 망상, 맹목, 모략, 모호, 몰락, 몰살, 산만, 자찬, 잔혹, 장난, 쟁탈, 조작, 초조, 악독, 압박, 앙탈, 애착, 야박, 외도, 한탄, 항복, 환란, 황당

※ 양성과 중성이 결합된 ㅙ, ㅒ, ㅒ도 양성으로 구분하였다.

위의 2음절 낱말을 살펴보면, 첫음절과 끝음절의 모음이 모두 양성으로 기운(에너지)이 앞으로나 위로 분출하고 있음을 알 수 있다.

구체적으로, 밝기를 나타낼 때는 밝고, 크기를 나타낼 때는 작고, 무게를 나타낼 때는 가볍고, 참을성을 나타낼 때는 약하다.

그러나 이런 낱말들 중에는 위의 원칙에서 벗어난 예외적인 낱말들이 많이 있다.

(2) 양성 + 음성의 결합

조합		양(ㅏ, ㅑ, ㅗ, ㅛ, ㅘ, ㅙ, ㅐ, ㅒ) + 음(ㅓ, ㅕ, ㅜ, ㅠ, ㅝ, ㅞ, ㅔ, ㅖ)
핵심		공격, 공정, 낙천, 다툼, 도전, 모험, 안정, 완성, 호전
주요 낱말	긍정적	가문, 가열, 각별, 간결, 간절, 감격, 강력, 개혁, 고결, 공유, 공평, 과정, 관계, 관철, 광범, 광풍, 교류, 교육, 나눔, 날렵, 납품, 노력, 노출, 논술, 단련, 단정, 도움, 타협, 탈출, 탐문, 마련, 만성, 만전, 매력, 맹렬, 모범, 목적, 묘법, 사건, 사려, 사명, 사연, 산출, 상설, 생명, 자선, 자율, 장렬, 조명, 조성, 조정, 졸업, 초월, 총명, 안녕, 압권, 압축, 야성, 얌전, 온순, 완성, 완전, 요염, 용무, 용서, 한결, 한정, 합격, 합병, 해결, 해명, 행운, 향수, 환경, 활성, 효율
	부정적	감염, 강성, 강제, 공분, 과격, 광분, 괴성, 난투, 농성, 다툼, 다혈, 돌출, 막연, 모멸, 살벌, 삼엄, 아둔, 악덕, 항거, 환멸

※ 음성과 중성이 결합된 ㅔ, ㅖ, ㅞ도 음성으로 구분하였다.

위 2음절의 낱말은 첫음절의 모음은 양성으로서 기운(에너지)이 앞으로나 위로 분출하고, 끝음절의 모음은 음성으로서 기운(에너지)이 뒤로나 아래로 수축(웅축, 숙성, 소멸)된다. 따라서 이들 낱말은 기운(에너지)이 분출하였다가 수축(웅축, 숙성, 소멸)되는 것을 나타낸다.

구체적으로, 밝기를 나타낼 때는 밝게 시작하였다가 점차 어두워지거나 소멸되고, 크기를 나타낼 때는 작게 시작하였다가 점차 커지고, 무게를 나타낼 때는 가볍게 시작하였다가 점차 무거워지고, 참을성을 나타낼 때는 약하다가 점차 강해진다.

그러나 이런 낱말 중에는 위의 원칙에서 벗어난 예외적인 낱말들이 많이 있다.

(3) 양성 + 중성의 결합

조합		양(ㅏ, ㅑ, ㅗ, ㅛ, ㅘ, ㅙ, ㅐ, ㅒ) + 중(ㅡ, ㅣ, ㅢ)
주요 낱말	핵심	가치, 고집, 논리, 동의, 탈진, 모집, 생기, 용기
	긍정적	가미, 가입, 가치, 각인, 갈기, 감시, 감지, 감흥, 고급, 고시, 고음, 공기, 공익, 공지, 관리, 관인, 관측, 광희, 교리, 나이, 녹지, 논리, 논의, 다짐, 달리, 달인, 담임, 당시, 대기, 대리, 도리, 도시, 동기, 동시, 동의, 탈피, 탐지, 토지, 통신, 마음, 마침, 만끽, 매일, 모든, 모음, 모임, 모집, 몰기, 박식, 발신, 밝기, 배급, 배치, 사기, 사리, 사직, 살림, 삽입, 상금, 상식, 생기, 자비, 장기, 조리, 조직, 종신, 차이, 창의, 초입, 최신, 아름, 악기, 안심, 암시, 야기, 요지, 용기, 하늘, 합치, 향기
	부정적	가식, 간신, 갈등, 감금, 고립, 고비, 고의, 고집, 공습, 과시, 과잉, 광기, 낙인, 난입, 낭비, 도피, 탈진, 탕진, 마비, 맥진, 반기, 방지, 앙금, 화급

위 2음절의 낱말은 첫음절의 기운(에너지)이 양성으로서 앞으로 나 위로 분출하였다가 끝음절의 기운(에너지)이 중성으로서 기운(에너지)이 정지(멈춤, 유지)된다. 따라서 이들 낱말은 기운(에너지)이 분출하였다가 정지(멈춤, 유지)하는 것을 나타낸다.

구체적으로 밝기를 나타낼 때는 밝게 시작하였다가 그 상태로 정지(멈춤, 유지)되고, 크기를 나타낼 때는 작게 시작하였다가 그 상태로 정지(멈춤, 유지)되고, 무게를 나타낼 때는 가볍게 시작하였다가 그 상태로 정지(멈춤, 유지)되고, 참을성을 나타낼 때는 약하게 시작하였다가 그 상태로 정지(멈춤, 유지)된다.

그러나 이런 낱말 중에는 위의 원칙에서 벗어난 예외적인 낱말들이 많이 있다.

(4) 음성 + 양성의 결합

조합		음(ㅓ, ㅕ, ㅜ, ㅠ, ㅝ, ㅞ, ㅔ, ㅖ) + 양(ㅏ, ㅑ, ㅗ, ㅛ, ㅘ, ㅙ, ㅐ, ㅒ)
주요 낱말	핵심	거창, 격동, 계획, 투쟁, 선동, 저돌, 적당, 취합, 연합
	긍정적	거대, 거론, 건장, 검사, 검토, 격파, 견마, 견학, 결단, 결산, 결합, 경과, 경사, 경합, 경향, 계몽, 계약, 구상, 구조, 권고, 권한, 귀환, 규모, 규약, 규합, 널판, 덕망, 투사, 면담, 명랑, 명상, 명확, 무료, 무마, 무탈, 문양, 문화, 물망, 번창, 범사, 법도, 법안, 변화, 변동, 변호, 변환, 별론, 병행, 부과, 부담, 부착, 부활, 평가, 평화, 품행, 서행, 석방, 선창, 설모, 성사, 성장, 성황, 세상, 저장, 전달, 전망, 전파, 절대, 정도, 정보, 정확, 제공, 주요, 주장, 주효, 중앙, 중용, 중화, 천사, 천태, 첨단, 첩보, 청산, 체감, 체화, 추가, 추상, 언론, 엄호, 여론, 연동, 연마, 영향, 예방, 우아, 운동, 운반, 울창, 원조, 유발, 유쾌, 유통, 윤활, 율동, 혁파, 현란, 현상, 협동, 형태
	부정적	격앙, 경쟁, 누락, 둔감, 투항, 면박, 멸망, 번뇌, 범람, 분노, 분란, 불만, 불안, 폐망, 저항, 절망, 추태, 충고, 억압, 우상, 원통, 허망, 허탈, 허황, 협박

위 2음절의 낱말은 첫음절의 기운(에너지)이 음성으로서 뒤로나 아래로 수축(응축, 숙성, 잉태)하였다가 끝음절의 기운(에너지)이 양성으로서 앞으로나 위로 분출한다. 따라서 이들 낱말은 기운(에너지)이 수축(응축, 숙성, 잉태)하였다가 분출하는 것을 나타낸다.

구체적으로 밝기를 나타낼 때는 밝음을 수축(응축, 숙성, 잉태)시켰다가 밝음을 밖으로 분출하고, 크기를 나타낼 때는 크게 수축(응축, 숙성, 잉태)시켰다가 밖으로 드러내고, 무게를 나타낼 때는 무겁게 수축(응축, 숙성, 잉태)시켰다가 밖으로 드러내고, 참을성을 나타낼 때는 강하게 수축(응축, 숙성, 잉태)시켰다가 밖으로 드러낸다.

그러나 이런 낱말 중에는 위의 원칙에서 벗어난 예외적인 낱말들이 많이 있다.

(5) 음성 + 음성의 결합

조합		음(ㅓ, ㅕ, ㅜ, ㅠ, ㅝ, ㅞ, ㅔ, ㅖ) + 음(ㅓ, ㅕ, ㅜ, ㅠ, ㅝ, ㅞ, ㅔ, ㅖ)
주 요 낱 말	핵심	거룩, 격렬, 구현, 분석, 불평, 평정, 정열, 허풍, 현명
	긍 정 적	거물, 건물, 건전, 건축, 검거, 검열, 겨레, 격려, 격정, 결성, 결정, 겸허, 경건, 경력, 경영, 경제, 경축, 계명, 구별, 구출, 궁궐, 권력, 권위, 규율, 규정, 균형, 넙죽, 누적, 덤북, 덩굴, 두루, 둘레, 뒤주, 투철, 면역, 멸균, 명령, 명분, 명석, 명중, 무성, 무예, 문명, 문헌, 물건, 물체, 번영, 범위, 법규, 법률, 변경, 변혁, 변형, 병렬, 부유, 분별, 분출, 불멸, 불변, 편성, 평형, 서명, 서적, 선거, 선명, 선출, 성명, 설정, 섭취, 성격, 성분, 성주, 세력, 세월, 전술, 정형, 제정, 주류, 주문, 주변, 중력, 중추, 청구, 청춘, 추출, 출연, 충분, 엄중, 연결, 연예, 열성, 열중, 영구, 예술, 우선, 우연, 운전, 웅변, 원천, 위성, 유명, 유연, 유전, 육성, 융성, 혁명, 협정, 형성, 훈련, 휴전
	부 정 적	거부, 걱정, 격변, 견제, 결렬, 결벽, 경멸, 구류, 굴절, 궤멸, 균열, 넌덜, 누설, 덤벙, 투정, 무력, 범벅, 변절, 별거, 병폐, 부정, 분열, 편견, 전투, 절규, 처벌, 억류, 억제, 언성, 엉성, 우려, 원수, 허례, 허영, 휴면

위 2음절의 낱말은 첫음절과 끝음절의 기운(에너지)이 모두 음성으로서 뒤로나 아래로 수축(응축, 숙성, 잉태)되고 있음을 나타낸다.

구체적으로, 밝기를 나타낼 때는 어둡고, 크기를 나타낼 때는 크고, 무게를 나타낼 때는 무겁고, 참을성을 나타낼 때는 강하다.

그러나 이런 낱말 중에는 위의 원칙에서 벗어난 예외적인 낱말들이 많이 있다.

(6) 음성 + 중성의 결합

조합		음(ㅓ, ㅕ, ㅜ, ㅠ, ㅝ, ㅞ, ㅔ, ㅖ) + 중(ㅡ, ㅣ, ㅢ)
주요 낱말	핵심	건립, 결집, 누리, 법칙, 평등, 정리, 정의, 원칙, 유지
	긍정적	거리, 건승, 건의, 걷기, 걸음, 걸침, 검시, 검진, 검침, 견습, 견실, 결승, 결심, 결의, 겸비, 겸임, 경근, 경의, 경지, 경치, 계기, 계층, 구름, 구실, 궁극, 권리, 궐기, 귀빈, 귀의, 균등, 균일, 널리, 누비, 누진, 눈금, 덩실, 덩치, 두피, 둔치, 둥실, 투시, 투지, 먹이, 먼지, 멀리, 면피, 명리, 명심, 무늬, 무리, 문의, 물음, 뭉치, 버릇, 번들, 번식, 법리, 법의, 벼슬, 변신, 변이, 변증, 별미, 병기, 부근, 부피, 부흥, 북극, 분리, 분비, 분칠, 편리, 편집, 평지, 서기, 서민, 서식, 선비, 선진, 설득, 설립, 설치, 섭리, 성급, 성능, 성립, 성실, 성질, 세심, 전시, 전진, 정밀, 정신, 정의, 정치, 주기, 주의, 주인, 준비, 줄임, 중립, 중시, 처지, 천리, 철근, 출입, 충실, 취미, 얼음, 엎친, 여기, 연기, 열기, 예비, 예의, 원기, 유능, 유리, 유치, 윤기, 혁신, 현금, 협의, 후기
	부정적	거짓, 거친, 격리, 격식, 격침, 결핍, 경시, 계급, 구급, 굴림, 궁핍, 덜미, 멀미, 멸시, 멸실, 무지, 번민, 벌금, 벌칙, 범인, 범칙, 부진, 불능, 불리, 불신, 폐지, 죽음, 예민, 흉기

위 2음절의 낱말은 첫음절의 기운(에너지)이 음성으로서 뒤로나 아래로 수축(응축, 숙성, 잉태)하였다가 끝음절의 기운(에너지)이 중성으로서 기운(에너지)이 정지(멈춤, 유지)된다. 따라서 이들 낱말은 기운(에너지)이 수축(응축, 숙성, 잉태)하였다가 정지(멈춤, 유지)하는 것을 나타낸다.

구체적으로 밝기를 나타낼 때는 어둡게 시작하였다가 그 상태로 정지(멈춤, 유지)되고, 크기를 나타낼 때는 크게 시작하였다가 그 상태로 정지(멈춤, 유지)되고, 무게를 나타낼 때는 무겁게 시작하였다가 그 상태로 정지(멈춤, 유지)되고, 참을성을 나타낼 때는 강하게 시작하였다가 그 상태로 정지(멈춤, 유지)된다.

그러나 이런 낱말 중에는 위의 원칙에서 벗어난 예외적인 낱말들이 많이 있다.

(7) 중성 + 양성의 결합

조 합		중(ㅡ, ㅣ, ㅢ) + 양(ㅏ, ㅑ, ㅗ, ㅛ, ㅘ, ㅙ, ㅐ, ㅒ)
주요 낱말	핵심	근로, 기대, 기도, 능동, 민감, 지표, 진행, 이동, 입고
	긍정적	극복, 극한, 근본, 근사, 근황, 금도, 금속, 기강, 기량, 기발, 기본, 기상, 기약, 기용, 기초, 기표, 기화, 긴요, 능란, 득도, 득표, 들락, 들통, 들판, 등록, 등산, 등용, 등판, 틈새, 미간, 미동, 미모, 미소, 미용, 민속, 민요, 민족, 비교, 비단, 비약, 빈도, 빈발, 필독, 필요, 증감, 증발, 지도, 지망, 지방, 지존, 직각, 진단, 진동, 진보, 진찰, 집합, 집행, 친화, 칭호, 은하, 음악, 음파, 응용, 의뢰, 의학, 의향, 이론, 이상, 인과, 인사, 인상, 인생, 일과, 일괄, 일대, 일반, 흑자
	부정적	극단, 극도, 급락, 급작, 급파, 기만, 긴박, 긴장, 늑장, 능욕, 늦장, 미개, 미달, 미봉, 미완, 미화, 민망, 밉상, 비관, 비난, 비만, 비상, 비참, 비통, 비판, 비화, 빈곤, 빈약, 피로, 핍박, 증오, 징발, 침통, 음모

위 2음절의 낱말은 첫음절의 기운(에너지)이 중성으로서 좌우나 상하로 흔들리지 않는 위치(유지, 멈춤, 정지)에서 끝음절의 기운(에너지)이 양성으로서 기운(에너지)이 앞으로나 위로 분출된다. 따라서 이들 낱말은 기운(에너지)이 유지(멈춤, 정지)하였다가 분출되고 있음을 나타낸다.

구체적으로 밝기를 나타낼 때는 은은한 상태에서 점차 밝아지고, 크기를 나타낼 때는 중간크기에서 점차 작아지고, 무게를 나타낼 때는 중간무게에서 점차 가벼워지고, 참을성을 나타낼 때는 중간 정도에서 점차 약해진다.

그러나 이런 낱말 중에는 위의 원칙에서 벗어난 예외적인 낱말들이 많이 있다.

(8) 중성 + 음성의 결합

조합		중(一, ㅣ, ㅢ) + 음(ㅓ, ㅕ, ㅜ, ㅠ, ㅝ, ㅞ, ㅔ, ㅖ)
주요 낱말	핵심	근무, 기준, 능숙, 특성, 비축, 신중, 집중, 의무, 인정
	긍정적	극구, 극적, 근거, 근검, 근면, 근엄, 근원, 근육, 근절, 글귀, 금전, 급여, 긍정, 기계, 기념, 기력, 기법, 기분, 기성, 기술, 기업, 기적, 기품, 기후, 능력, 능률, 능청, 득점, 듬성, 등불, 등선, 특권, 특별, 특수, 특정, 미세, 미술, 미풍, 민원, 민주, 민첩, 밀접, 밀폐, 비결, 비경, 비율, 비평, 빈번, 피부, 필연, 시계, 시달, 시선, 시청, 신경, 신문, 실명, 증여, 증정, 지명, 지분, 지연, 지원, 지정, 직경, 직접, 진격, 진열, 진전, 진정, 징후, 친구, 친선, 은혜, 의거, 의연, 이성, 이유, 인계, 인물, 인성, 인연, 인형, 일정, 일주, 임무, 입구, 입주, 흔적
	부정적	극성, 급변, 급전, 기절, 기형, 능멸, 미결, 미력, 미련, 미숙, 미정, 비명, 비정, 빈정, 빈축, 핑계, 심문, 침투, 잉여, 의문

위 2음절의 낱말은 첫음절의 기운(에너지)이 중성으로서 좌우나 상하로 흔들리지 않는 위치(유지, 멈춤, 정지)에서 끝음절의 기운(에너지)이 음성으로서 기운(에너지)이 뒤로나 아래로 수축(응축, 숙성, 소멸)된다. 따라서 이들 낱말은 기운(에너지)이 유지(멈춤, 정지)하였다가 수축(응축, 숙성, 소멸)되는 것을 나타낸다.

구체적으로, 밝기를 나타낼 때는 은은한 상태에서 점차 어두워지고, 크기를 나타낼 때는 중간 정도에서 점차 커지고, 무게를 나타낼 때는 중간 정도에서 점차 무거워지고, 참을성을 나타낼 때는 중간 정도에서 점차 강해진다.

그러나 이런 낱말 중에는 위의 원칙에서 벗어난 예외적인 낱말들이 많이 있다.

(9) 중성 + 중성의 결합

조합		중(ㅡ, ㅣ, ㅢ) + 중(ㅡ, ㅣ, ㅢ)
주요 낱말	핵심	근심, 기능, 믿음, 신의, 진리, 진지, 의지, 이치
	긍정적	그림, 극진, 극치, 근기, 근친, 글씨, 급식, 긍지, 기립, 기민, 기습, 긴밀, 늠름, 등극, 등기, 특히, 미리, 밀림, 빙긋, 시기, 신비, 실리, 심리, 심지, 지급, 지리, 지시, 지질, 진실, 진의, 징집, 친밀, 으뜸, 음식, 음지, 응집, 의기, 의리, 의식, 이득, 이민, 이승, 이익, 인근, 인기, 인식, 인지, 일기, 일치, 임시, 입지
	부정적	근심, 금기, 금식, 금지, 기근, 기급, 기밀, 기피, 긴급, 티끌, 미끼, 미비, 미신, 미지, 미진, 비극, 비급, 비리, 비실, 빈민, 빈틈, 빌미, 피신, 시비, 실기, 은밀, 은신, 의심, 이의

위 2음절의 낱말은 첫음절과 끝음절의 기운(에너지)이 모두 중성으로서 좌우나 상하로 흔들리지 않는 위치(멈춤, 정지, 유지)되고 있음을 나타낸다.

구체적으로, 밝기를 나타낼 때는 은은한 상태이고, 크기를 나타낼 때는 중간 정도의 크기이고, 무게를 나타낼 때는 중간 정도의 무게이고, 참을성을 나타낼 때는 중간 정도이다.

그러나 이런 낱말 중에는 위의 원칙에서 벗어난 예외적인 낱말들이 많이 있다.

2음절 자음의 이해

❖ 첫음절의 초성이 아음인 경우

(1) 아음 + 아음의 결합

조합	아음(ㄱ, ㅋ, ㄲ) + 아음(ㄱ, ㅋ, ㄲ)
설명	첫음절[가장자리(시작, 끝), 굽다, 강하다, 깊다, 크다, 고정] + 끝음절[가장자리(시작, 끝), 굽다, 강하다, 깊다, 크다, 고정]
주요 낱말	가격, 가계, 간결, 간곡, 갈구, 감각, 감격, 강견, 객관, 건강, 검거, 견고, 결국, 결기, 경건, 경계, 계급, 계기, 고개, 고결, 곡간, 곤경, 골격, 공격, 공경, 과감, 과격, 관계, 관광, 광고, 광기, 괴걸, 교감, 구경, 구급, 국가, 군기, 궁극, 궁궐, 권고, 귀가, 규격, 극구, 근기, 금고, 기강, 기계, 긴급, 끈기

(2) 아음 + 설음의 결합

조합	아음(ㄱ, ㅋ, ㄲ) + 설음(ㄴ, ㄷ, ㄹ, ㅌ, ㄸ)
설명	첫음절[가장자리(시작, 끝), 굽다, 강하다, 깊다, 크다, 고정] + 끝음절[넓다, 부드럽다, 따듯하다, 자유롭다, 오래되다 등]
주 요 낱 말	가능, 가동, 가량, 간단, 간략, 감동, 강력, 강탈, 개념, 거대, 거래, 건들, 건립, 검토, 겨냥, 겨레, 격동, 격렬, 격리, 결단, 결론, 경력, 경로, 경탄, 계량, 고난, 고대, 고통, 골탕, 공동, 공론, 공통, 과대, 과로, 관념, 관리, 관통, 광란, 교대, 교란, 교통, 구령, 구름, 굴림, 궁리, 궤도, 그늘, 극단, 극락, 금리, 기대, 기도, 기류, 쾌락

(3) 아음 + 순음의 결합

조합	아음(ㄱ, ㅋ, ㄲ) + 순음(ㅁ, ㅂ, ㅍ, ㅃ)
설명	첫음절[가장자리(시작, 끝), 굽다, 강하다, 깊다, 크다, 고정] + 끝음절[많다, 빈틈없다, 분명하다 등]
주 요 낱 말	가문, 가보, 각별, 간명, 간파, 갈망, 감명, 감별, 강박, 개발, 거만, 거물, 거품, 건물, 검문, 격분, 격파, 견본, 결박, 결벽, 결판, 결핍, 경멸, 경비, 경품, 계몽, 고문, 고민, 골병, 공멸, 공모, 공평, 과밀, 관문, 광명, 광분, 괴팍, 교만, 교묘, 구별, 구분, 국보, 궁핍, 궤변, 귀빈, 규범, 근면, 근본, 급변, 급파, 기민, 기발, 기본, 기품

(4) 아음 + 치음의 결합

조합	아음(ㄱ, ㅋ, ㄲ) + 치음(ㅅ, ㅈ, ㅊ, ㅆ, ㅉ)
설명	첫음절[가장자리(시작, 끝), 굽다, 강하다, 깊다, 크다, 고정] + 끝음절[응축되다, 단단하다, 날카롭다, 으깨다 등]
주요 낱말	가족, 가치, 가짜, 각성, 간섭, 간절, 갈증, 감사, 감정, 강제, 강조, 개성, 개척, 거처, 거친, 건장, 건축, 검증, 검진, 격정, 격침, 결실, 결정, 겸손, 경쟁, 경치, 계산, 계속, 고심, 고정, 고집, 골절, 골조, 공사, 공손, 공장, 과속, 과시, 과적, 관성, 관습, 광장, 광채, 괴성, 괴짜, 교섭, 교전, 구속, 구축, 궁지, 규칙, 근심, 기술, 기준, 긴장

(5) 아음 + 후음의 결합

조합	아음(ㄱ, ㅋ, ㄲ) + 후음(ㅇ, ㅎ)
설명	첫음절[가장자리(시작, 끝), 굽다, 강하다, 깊다, 크다, 고정] + 끝음절[둥글다, 완전하다, 원활하다, 여유롭다 등]
주요 낱말	가열, 가용, 각오, 각인, 간호, 감염, 감옥, 감흥, 강연, 강요, 강화, 거행, 건의, 검열, 검인, 격앙, 견학, 결연, 결의, 결합, 결혼, 겸임, 겸허, 경영, 경의, 경험, 경황, 계약, 계율, 계획, 고유, 고향, 공연, 공원, 공허, 과학, 관용, 관행, 광활, 교열, 교활, 교훈, 구원, 구현, 궁합, 권위, 귀하, 규율, 균열, 균형, 근원, 금융, 기원, 기회,

❖ 첫음절의 초성이 설음인 경우

(1) 설음 + 아음의 결합

조합	설음(ㄴ, ㄷ, ㄹ, ㅌ, ㄸ) + 아음(ㄱ, ㅋ, ㄲ)
설명	첫음절[넓다, 부드럽다, 따듯하다, 자유롭다, 오래되다 등] + 끝음절[가장자리(시작, 끝), 굽다, 강하다, 깊다, 크다, 고정]
주요 낱말	난감, 날개, 낱개, 냉각, 넝쿨, 노고, 노기, 뇌관, 누각, 느낌, 다감, 다급, 단결, 단기, 단칸, 당김, 대강, 대개, 대견, 대결, 덜컥, 도구, 도급, 돌격, 동거, 동경, 두께, 뒤끝, 등극, 등기, 타격, 탐구, 태고, 통계, 통과, 퇴거, 투기, 특권

(2) 설음 + 설음의 결합

조합	설음(ㄴ, ㄷ, ㄹ, ㅌ, ㄸ) + 설음(ㄴ, ㄷ, ㄹ, ㅌ, ㄸ)
설명	첫음절[넓다, 부드럽다, 따듯하다, 자유롭다, 오래되다 등] + 끝음절[넓다, 부드럽다, 따듯하다, 자유롭다, 오래되다 등]
주요 낱말	나눔, 나른, 나태, 낙담, 난동, 난류, 날림, 남루, 납득, 낭독, 내란, 내력, 내통, 냉대, 너덜, 널름, 널리, 노동, 노란, 노래, 노력, 논란, 논리, 놀람, 농도, 누런, 누리, 느림, 늘림, 능동, 능란, 능력, 능률, 다량, 다리, 단련, 달달, 담당, 당돌, 당리, 대단, 대답, 대략, 대로, 덕담, 덜렁, 도달, 도덕, 독단, 독립, 돈독, 동등, 동료, 두루, 둘레, 득도, 등록, 똘똘, 타락, 타령, 탄력, 태도, 토론

(3) 설음 + 순음의 결합

조합	설음(ㄴ, ㄷ, ㄹ, ㅌ, ㄸ) + 순음(ㅁ, ㅂ, ㅍ, ㅃ)
설명	첫음절[넓다, 부드럽다, 따듯하다, 자유롭다, 오래되다 등] + 끝음절[많다, 빈틈없다, 분명하다 등]
주요 낱말	나무, 나팔, 낙마, 난발, 난방, 납부, 납품, 낭만, 낭비, 낭패, 내막, 내부, 너무, 널판, 네모, 노발, 노파, 논법, 논평, 뇌물, 누명, 누범, 눈매, 능멸, 다발, 단발, 단백, 단풍, 단편, 달변, 담백, 담뿍, 답변, 당부, 대망, 대범, 대표, 덕망, 덕분, 도망, 도발, 도피, 돌파, 동맹, 동무, 두목, 들판, 등분, 탄문, 탈피, 탐방, 태평, 퇴폐, 특별

(4) 설음 + 치음의 결합

조합	설음(ㄴ, ㄷ, ㄹ, ㅌ, ㄸ) + 치음(ㅅ, ㅈ, ㅊ, ㅆ, ㅉ)
설명	첫음절[넓다, 부드럽다, 따듯하다, 자유롭다, 오래되다 등] + 끝음절[응축되다, 단단하다, 날카롭다, 으깨다 등]
주요 낱말	나사, 낙상, 낙찰, 난색, 난조, 날조, 남침, 납작, 낭송, 낭창, 낱장, 내전, 냄새, 냉정, 냉철, 넙죽, 노선, 노천, 노출, 녹지, 논쟁, 농성, 누전, 늘씬, 늠실, 능청, 다짐, 다체, 단속, 단정, 답사, 당선, 당첨, 대성, 대전, 대중, 덩실, 도살, 도전, 독선, 독점, 돌출, 동정, 동체, 둥지, 등산, 딱지, 타진, 탈진, 탐사, 터전, 통제, 투쟁, 특징

(5) 설음 + 후음의 결합

조합	설음(ㄴ, ㄷ, ㄹ, ㅌ, ㄸ) + 후음(ㅇ, ㅎ)
설명	첫음절[넓다, 부드럽다, 따듯하다, 자유롭다, 오래되다 등] + 끝음절[둥글다, 완전하다, 원활하다, 여유롭다 등]
주요 낱 말	나약, 낙엽, 낙후, 난입, 난해, 내연, 내원, 노예, 논의, 놀이, 농업, 능히, 다양, 다원, 다행, 다혈, 단아, 단어, 단합, 담임, 담화, 당연, 당황, 대응, 대항, 대형, 대화, 더위, 덕행, 도용, 도움, 도형, 독학, 돈오, 돌연, 동요, 동원, 동의, 동화, 등용, 타원, 탄핵, 탈영, 태양, 통용, 통합, 통화, 투항

❖ 첫음절의 초성이 순음인 경우

(1) 순음 + 아음의 결합

조합	순음(ㅁ, ㅂ, ㅍ, ㅃ) + 아음(ㄱ, ㅋ, ㄲ)
설명	첫음절[많다, 빈틈없다, 분명하다 등] + 끝음절[가장자리(시작, 끝), 굽다, 강하다, 깊다, 크다, 고정]
주요 낱말	마감, 마개, 만끽, 말끔, 망각, 멸균, 목격, 묘기, 무게, 무궁, 무기, 문고, 물건, 미각, 미곡, 미끼, 민감, 밀기, 바깥, 바퀴, 반격, 반기, 발광, 발굴, 방관, 방금, 배격, 배급, 백과, 번개, 벌금, 법계, 법규, 변경, 별거, 병균, 병기, 보고, 보관, 복구, 봉기, 부강, 부과, 분개, 불구, 비경, 비교, 파견, 파괴, 패기, 평가, 평균, 포기, 표기

(2) 순음 + 설음의 결합

조합	순음(ㅁ, ㅂ, ㅍ, ㅃ) + 설음(ㄴ, ㄷ, ㄹ, ㅌ, ㄸ)
설명	첫음절[많다, 빈틈없다, 분명하다 등] + 끝음절[넓다, 부드럽다, 따뜻하다, 자유롭다, 오래되다 등]
주요 낱말	마당, 만남, 만능, 말단, 매듭, 매력, 맹렬, 면담, 명단, 명령, 모두, 목록, 몰락, 몽땅, 무대, 무력, 문답, 물론, 미련, 밀림, 바늘, 바다, 박력, 반동, 발달, 발령, 방대, 배당, 배려, 버릇, 번뇌, 벌렁, 법률, 벼락, 변동, 별론, 병렬, 보도, 복락, 본래, 부당, 분리, 불리, 비단, 빈도, 뿌리, 파도, 팔랑, 편리, 평등, 폐단, 포동, 표류, 피로

(3) 순음 + 순음의 결합

조합	순음(ㅁ, ㅂ, ㅍ, ㅃ) + 순음(ㅁ, ㅂ, ㅍ, ㅃ)
설명	첫음절[많다, 빈틈없다, 분명하다 등] + 끝음절[많다, 빈틈없다, 분명하다 등]
주요 낱말	마법, 만물, 만평, 매몰, 맹목, 면모, 멸망, 명망, 명백, 명품, 모범, 목표, 묘법, 무모, 문명, 물망, 미비, 민망, 민법, 밀물, 밀폐, 박멸, 반방, 발명, 발표, 방범, 방패, 배반, 번민, 범벅, 법문, 변모, 별미, 병목, 보물, 보배, 보편, 본문, 볼모, 부패, 부피, 분명, 분별, 분포, 불법, 불평, 비만, 빈번, 파멸, 판매, 패망, 팽배, 평면, 핍박

(4) 순음 + 치음의 결합

조합	순음(ㅁ, ㅂ, ㅍ, ㅃ) + 치음(ㅅ, ㅈ, ㅊ, ㅆ, ㅉ)
설명	첫음절[많다, 빈틈없다, 분명하다 등] + 끝음절[응축되다, 단단하다, 날카롭다, 으깨다 등]
주요 낱말	마찰, 마침, 만성, 망상, 매진, 맹신, 면책, 멸시, 명석, 명심, 모습, 모진, 목적, 몰살, 무성, 무수, 무장, 문제, 물체, 뭉치, 미세, 미신, 민족, 민첩, 밀착, 박차, 반사, 발생, 발전, 방점, 방출, 배상, 배치, 번창, 법칙, 변질, 별장, 병술, 보석, 보충, 복사, 복종, 봉사, 부식, 부정, 분출, 불신, 비장, 비축, 파산, 평정, 포진, 표준, 피신

(5) 순음 + 후음의 결합

조합	순음(ㅁ, ㅂ, ㅍ, ㅃ) + 후음(ㅇ, ㅎ)		
설명	첫음절[많다, 빈틈없다, 분명하다 등] + 끝음절[둥글다, 완전하다, 원활하다, 여유롭다 등]		
주 요 낱 말	마음, 만연, 만행, 매우, 매일, 먹이, 면역, 면허, 명예, 명확, 모양, 모험, 몰입, 묘안, 무용, 묵인, 문예, 문화, 미완, 미용, 민요, 민원, 믿음, 바위, 박애, 반응, 반환, 발현, 방안, 방향, 배웅, 배후, 번영, 범용, 범위, 법원, 변화, 병원, 병행, 보완, 보험, 봉양, 봉합, 부양, 부활, 분열, 불행, 비유, 파형, 편협, 평화, 포함, 품위, 필요		

❖ 첫음절의 초성이 치음인 경우

(1) 치음 + 아음의 결합

조합	치음(ㅅ, ㅈ, ㅊ, ㅆ, ㅉ) + 아음(ㄱ, ㅋ, ㄲ)		
설명	첫음절[응축되다, 단단하다, 날카롭다, 으깨다 등] + 끝음절[가장자리(시작, 끝), 굽다, 강하다, 깊다, 크다, 고정]		
주 요 낱 말	사건, 사기, 산골, 살균, 삼강, 상고, 새끼, 생각, 생기, 서기, 선거, 선고, 성격, 성공, 세계, 세균, 자격, 자극, 잠깐, 장기, 저격, 전가, 전개, 절교, 절규, 정기, 제공, 조각, 조건, 존경, 종결, 종교, 주관, 주권, 준공, 중계. 증거, 지구, 지급. 지킴, 진격, 질김, 징구, 쪼갬, 착각, 참가, 창고, 철근, 청구, 체감, 최고, 추가, 출구, 친구		

(2) 치음 + 설음의 결합

조합	치음(ㅅ, ㅈ, ㅊ, ㅆ, ㅉ) + 설음(ㄴ, ㄷ, ㄹ, ㅌ, ㄸ)		
설명	첫음절[응축되다, 단단하다, 날카롭다, 으깨다 등] + 끝음절[넓다, 부드럽다, 따듯하다, 자유롭다, 오래되다 등]		
주 요 낱 말	사단, 사랑, 사리, 산들, 산란, 살림, 상냥, 상담, 서늘, 서로, 선동, 선량, 설득, 설렁, 섭리, 성능, 성립, 세도, 세력, 자리, 장난, 장담, 전달, 전통, 전투, 정리, 제도, 조례, 존대, 종류, 주동, 주류, 준동, 중대, 중립, 지략, 지리, 진단, 질량, 차단, 착란, 처리, 천둥, 천리, 철도, 철렁, 첨단, 체념, 초대, 출랑, 최대, 추대, 추론, 충돌		

(3) 치음 + 순음의 결합

조합	치음(ㅅ, ㅈ, ㅊ, ㅆ, ㅉ) + 순음(ㅁ, ㅂ, ㅍ, ㅃ)		
설명	첫음절[응축되다, 단단하다, 날카롭다, 으깨다 등] + 끝음절[많다, 빈틈없다, 분명하다 등]		
주 요 낱 말	사망, 사명, 사발, 산발, 산파, 살벌, 삼매, 상반, 상품, 생명, 서명, 선망, 선명, 선별, 설명, 성분, 성품, 세밀, 세포, 자발, 자백, 자비, 재무, 전망, 전부, 전문, 정밀, 정품, 조명, 조목, 종파, 주목, 주문, 준비, 증발, 증빙, 지명, 지배, 지불, 지표, 진보, 징발, 차분, 창피, 처벌, 첩보, 체면, 총명, 총무, 출판, 충만, 치밀, 취미, 친밀		

(4) 치음 + 치음의 결합

조합	치음(ㅅ, ㅈ, ㅊ, ㅆ, ㅉ) + 치음(ㅅ, ㅈ, ㅊ, ㅆ, ㅉ)
설명	첫음절[응축되다, 단단하다, 날카롭다, 으깨다 등] + 끝음절[응축되다, 단단하다, 날카롭다, 으깨다 등]
주 요 낱 말	사상, 사수, 사실, 산재, 살상, 상습, 상층, 생산, 서식, 선수, 선진, 설치, 섬세, 성숙, 성질, 성취, 세심, 소신, 자살, 자주, 장점, 재주, 쟁점, 저주, 저축, 전쟁, 전진, 절충, 접촉, 정신, 조성, 조준, 종족, 주장, 주체, 준수, 중심, 중첩, 증진, 지속, 지정, 진전, 진취, 집착, 집중, 창조, 채집, 천재, 철수, 청춘, 초조, 추출, 충전, 친정

(5) 치음 + 후음의 결합

조합	치음(ㅅ, ㅈ, ㅊ, ㅆ, ㅉ) + 후음(ㅇ, ㅎ)
설명	첫음절[응축되다, 단단하다, 날카롭다, 으깨다 등] + 끝음절[둥글다, 완전하다, 원활하다, 여유롭다 등]
주 요 낱 말	사연, 사용, 사회, 삼엄, 삽화, 상응, 상황, 생활, 서약, 선언, 선호, 성황, 세월, 자연, 자율, 자활, 저항, 절연, 접합, 정열, 정의, 정확, 제한, 조용, 조화, 존엄, 졸업, 종합, 주요, 주의, 중앙, 중화, 증여, 지원, 지형, 진의, 진행, 집약, 집합, 징후, 차원, 찬양, 참회, 창의, 채용, 천연, 천하, 청아, 체화, 초월, 최후, 출연, 취합, 친화

❖ 첫음절의 초성이 후음인 경우

(1) 후음 + 아음의 결합

조합	후음(ㅇ, ㅎ) + 아음(ㄱ, ㅋ, ㄲ)
설명	첫음절[둥글다, 완전하다, 원활하다, 여유롭다 등] + 끝음절[가장자리(시작, 끝), 굽다, 강하다, 깊다, 크다, 고정]
주요 낱말	아기, 악기, 압권, 앙금, 앙큼, 애교, 연기, 영구, 오기, 완강, 완곡, 왜곡, 용기, 원가, 위기, 유관, 유쾌, 윤곽, 의거, 인간, 인과, 인기, 일괄, 일급, 임금, 임기, 입고, 입구, 학교, 한결, 한계, 한길, 함구, 합격, 항거, 항고, 해결, 해고, 향기, 허가, 허공, 헝클, 현금, 호감, 호쾌, 화급, 환경, 활개, 회계, 회고, 후견, 훈계, 휴가, 흉기

(2) 후음 + 설음의 결합

조합	후음(ㅇ, ㅎ) + 설음(ㄴ, ㄷ, ㄹ, ㅌ, ㄸ)
설명	첫음절[둥글다, 완전하다, 원활하다, 여유롭다 등] + 끝음절[넓다, 부드럽다, 따듯하다, 자유롭다, 오래되다 등]
주요 낱말	아량, 아름, 악독, 안녕, 안도, 암투, 압류, 애도, 아들, 어린, 언론, 여론, 연단, 연동, 열렬, 영롱, 오래, 온도, 완료, 왕래, 외도, 요란, 용량, 우대, 우람, 운동, 원료, 유능, 유통, 율동, 으뜸, 의리, 이론, 인류, 일단, 하늘, 한탄, 할당, 합동, 항로, 해탈, 행동, 허탈, 현란, 혈통, 형태, 호탕, 혼돈, 혼탁, 화통, 확대, 환란, 활동, 훈련

(3) 후음 + 순음의 결합

조합	후음(ㅇ, ㅎ) + 순음(ㅁ, ㅂ, ㅍ, ㅃ)
설명	첫음절[둥글다, 완전하다, 원활하다, 여유롭다 등] + 끝음절[많다, 빈틈없다, 분명하다 등]
주요 낱말	안부, 압박, 애민, 야망, 야박, 엉망, 연마, 열망, 예민, 예비, 오만, 오묘, 완벽, 용모, 용무, 우범, 우편, 운명, 원만, 원판, 유명, 유발, 유보, 은밀, 음모, 음파, 의무, 의미, 이미, 인물, 인민, 일방, 임무, 하명, 할부, 합병, 항변, 해방, 허무, 혁명, 혁파, 현명, 협박, 형편, 호방, 화면, 화폐, 확보, 환매, 환멸, 후반, 후보, 휴면, 희망

(4) 후음 + 치음의 결합

조합	후음(ㅇ, ㅎ) + 치음(ㅅ, ㅈ, ㅊ, ㅆ, ㅉ)
설명	첫음절[둥글다, 완전하다, 원활하다, 여유롭다 등] + 끝음절[응축되다, 단단하다, 날카롭다, 으깨다 등]
주요 낱말	아주, 안심, 안정, 암초, 압축, 애착, 약속, 얌체, 어색, 억지, 엄살, 연상, 열중, 예상, 예술, 완성, 완충, 요지, 용서, 우선, 우주, 운송, 운전, 울창, 원조, 원칙, 웅장, 유출, 의지, 이성, 이치, 인생, 인정, 일정, 일체, 입체, 한정, 할증, 합성, 항상, 해산, 행성, 행진, 헌정, 혁신, 현상, 협조, 호소, 화살, 확신, 활성, 회상, 휴전, 흔적

(5) 후음 + 후음의 결합

조합	후음(ㅇ, ㅎ) + 후음(ㅇ, ㅎ)
설명	첫음절[둥글다, 완전하다, 원활하다, 여유롭다 등] + 끝음절[둥글다, 완전하다, 원활하다, 여유롭다 등]
주요 낱말	아양, 암호, 애호, 야유, 야호, 야회, 양호, 억압, 엄호, 여행, 연애, 연합, 영양, 영향, 예의, 온화, 옹호, 완화, 요약, 요염, 우아, 우울, 운용, 원예, 원형, 유연, 유효, 윤활, 융합, 은혜, 음향, 응용, 의연, 의향, 이원, 이익, 인연, 인화, 일용, 할인, 항온, 해양, 행운, 허영, 협의, 호응, 호황, 혼합, 화해, 환호, 회의, 효율, 후원, 훈육